メルヘンアートスタジオ 著

結んでつくるロープ持ち手のバイブル

THE BIBLE of ROPE HANDLES & STRAPS

X-Knowledge

「結び」の話

世界各地で受け継がれるさまざまな「結び」は、人の手が生み出したもっとも原始的な手業で、その始まりは旧石器時代まで遡ります。

植物の蔓や繊維で縄を編んだ人々は、獲物を捕らえたり、物を固定し運ぶ道具として結びを活用するとともに、結び目で数を数え、呪術や装飾にも用いてきました。

本書は、そうした世界の風土や文化で培われてきた結びの中で、装飾的な結びとして主に中世イスラムで発展し、ヨーロッパ各地を経て世界中に広まった「マクラメ」の手法を中心に、「ロープワーク」などの結びのテクニックを使っています。

現代まで受け継がれてきた結びの魅力に触れるとともに、自分好みの長さ、デザイン、用途に応じた持ち手を作ってみてください。

Contents

撮影——佐藤克秋　ブックデザイン——三木俊一、高見朋子、游珮萱（文京図案室）　印刷——シナノ書籍印刷

for スマートフォン

散歩や外出に。
携帯だけ持って
お出かけにも。

長さ110〜133cm

01/50

基本のスマホストラップ

1本で丈夫な8mm幅のロープでつくるショルダーストラップ。
接続パーツを使えば、ストラップ用の穴が無い
スマホケースにもつけられます。

How to » p.010

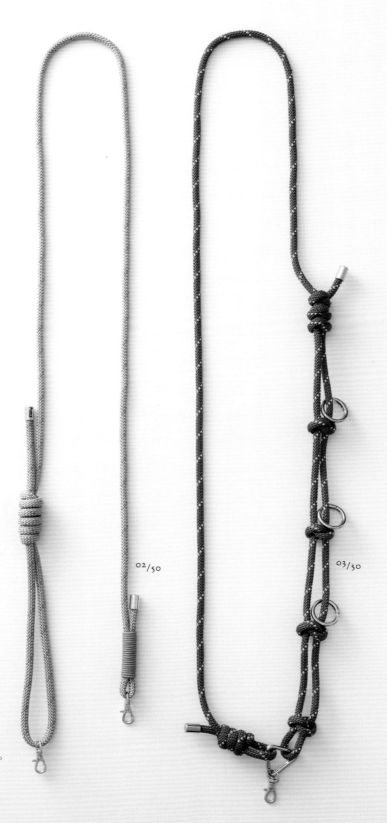

02/50

**伸縮する
スタンダード
ストラップ**

03/50

**伸縮する
フォーノット
ストラップ**

ひもの長さを自由に
変えたい場合は、
巻き留め結びを使った
ショルダーがおすすめ。
右のように、
4つの結び目の間に
リングをつけると、
キーケースなどを
ぶら下げることができます。
How to ≫ p.075

02/50

03/50

長さ調整を可能に

シーンや使う人に合わせ、ひもの長さを変え
られると便利。巻き留め結びによって、結び
目の前後を引くだけで長さを調整できます。

2口や1口タイプにも

2口タイプのケース用の金具が2個のものは、
ひもがねじれにくいのが利点。1口用につけ
る場合(左写真)、片方の金具をもう一方に
つければ1本にできます。

02, 03, 04, 05/50

ストラップコレクション

手づくりだからこそ、普段のファッションに
合わせた色選びはもちろん、犬の散歩、
アウトドアレジャーなど目的別にカスタマイズを。
左から作品05、04、03、02

○4/50
伸縮する
プレーンノット
ストラップ

○5/50
伸縮する
まとめリング
のストラップ
シンプルスタイルが
お好みなら、結び目を
アクセントにした
ショルダーを（左）。
お出かけ用の小物や
ストラップをまとめて
ぶら下げたい人は
リングつきがおすすめ（右）。
How to ≫ p.076

○4/50

○5/50

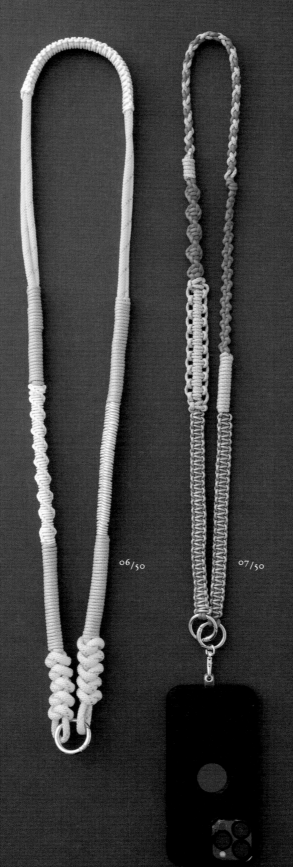

06/50

07/50

06/50
**ネオンカラーの
Mix ストラップ**

07/50
**マルチカラーの
Mix ストラップ**
さまざまな結びを組み
合わせる、それだけで
オリジナリティ豊かに。
さまざまな色のひもを
自由に組み合わせましょう。
How to » p.077、078

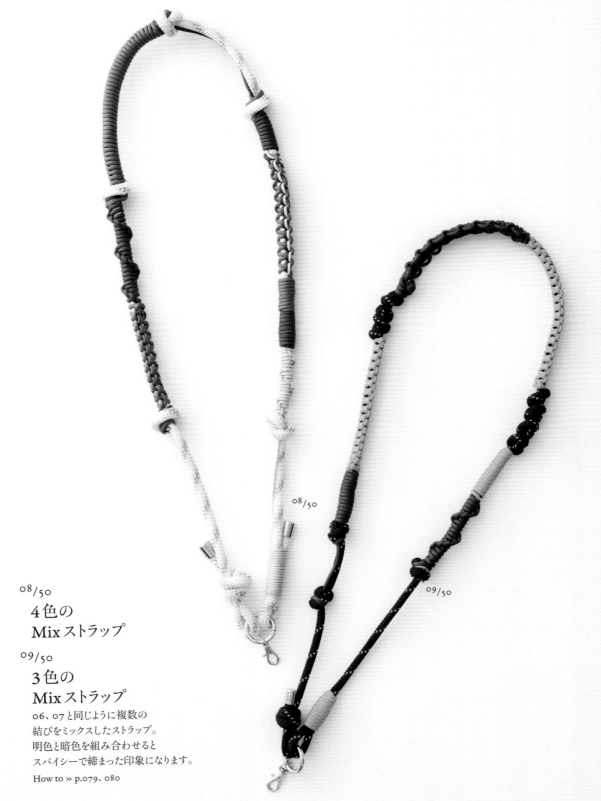

08/50

4色の
Mix ストラップ

09/50

3色の
Mix ストラップ

06、07と同じように複数の
結びをミックスしたストラップ。
明色と暗色を組み合わせると
スパイシーで締まった印象になります。

How to ≫ p.079、080

08/50

09/50

How to　作り方

01
基本の
スマホストラップ

「まとめ結び」で
金具をつけます。

長さ130cm

材料

アウトドアロープ 8mm
　a ブラック（1848）……130cm×1本
メルヘン アウトドアコード
　b レフ–グレー（1632）……60cm×2本
ミニレバーカン（S1070）……2個

下準備

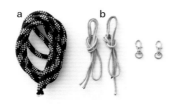

金具は前付けタイプのレバーカン。

ほつれ防止のため、カットしたひも端の表
面をライターで溶かす（焼きどめ／p.037）

---

1 ひも**a**にひも**b**で金具
をつける。
［技法1］

---

2 反対側も同様に金具
をつけ、完成。

技法1 まとめ結びで金具をつける

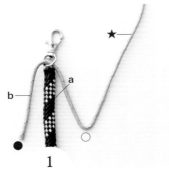

1

メインのひも（a）の端に、レバーカンを通した結びひも（b1本）を「でき上がり寸法＋下1cm」の長さで、写真のようにN字に折って重ねる。

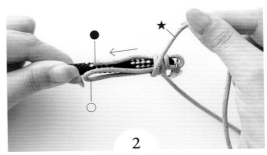

2

bの★側を持ち、端からきっちり巻いていく。

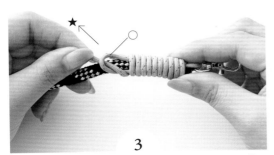

3

でき上がり寸法（作品は3.5cm）を巻いたら、★側を下の輪○に通す。

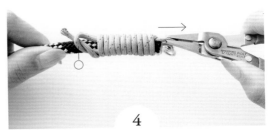

4

上部に飛び出た金具側のループを引き、輪○を中に引き込む。力が要るため、ペンチではさんで引っ張るとよい。

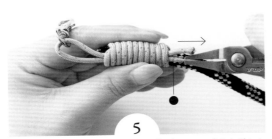

5

4で引っ張った金具側のループが伸びたため、向きを逆にして下側のひも●を引っ張る。

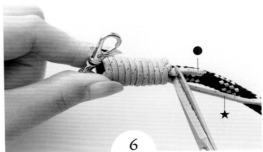

6

余分な下側のひも●、★をきわでカットする。カットした端が飛び出す場合は、竹串などで結び目の中に押し込む（p.037）。

chapter ii
for ハンドバッグ

ドレッシーにもカジュアルにもなる。

長さ30〜43cm

10/50
8の字結びのハンドル

シンプルな8の字結びでアクセントになる幅広のハンドルを。
適度な長さのため腕に通して使うことができます。

How to » p.080

11/50
太い8の字結びのハンドル
8mm幅でさらに太く。飾りにもクラッチ持ちにも活躍。
How to » p.081

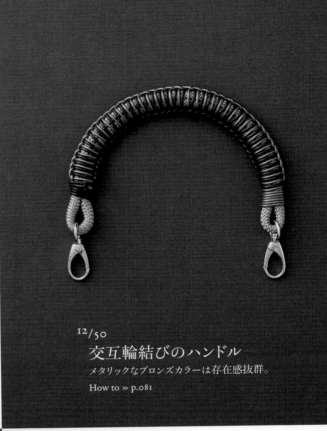

12/50
交互輪結びのハンドル
メタリックなブロンズカラーは存在感抜群。
How to » p.081

13/50
ロール巻のリングハンドル
ロール巻の大きな輪がポップ。
輪に金具をつけて使います。
How to » p.082

14/50
平結びのハンドル
レザーコードがおしゃれ。輪っかにするとストラップに。
How to » p.082

15/50
太いつゆ結びの飾りハンドル
16/50
とめ結びの飾りハンドル
17/50
つゆ結びの飾りハンドル
両端を結んで飾りにしたハンドルは、
シンプルかつ遊び心のあるデザイン。
結び目は上 15、16 のように内側でも、
17 のように外側でも自由に向きを変えられます。
How to » p.083

18/50
ひと結びの飾りハンドル
ロープの両端をひと結びするだけで完成のハンドルは、
イージーなのにスタイリッシュ！ひも端を長く垂らすと、
ストラップのように飾りになります。
How to ≫ p.084

19/50
つゆ結びのボリュームハンドル

20/50
つゆ結びのミニハンドル
つゆ結びでできる大小のハンドル。輪が連なってできる
丸みのある形は、握ったときにしっかりフィットします。
How to » p.084, 085

21/50

七宝結びのハンドル

22/50

わだち結びのハンドル

装飾性のある七宝結びとわだち結びで幅広のハンドルを。
共に2色を組み合わせて結んでいます。
21はひも端を使って房飾りを加えています。

How to ≫ p.085, 086

for トートバッグ

普段使いが多いトートバッグだからこそ
持ち手でスパイスを。

長さ45〜62cm

23/50

平結びの手さげ

平結びでくるんだ下からちらりとのぞくポップな色がおしゃれ。
難易度が高い色もくるむことで、バランスよく取り入れることができます。

How to » p.086

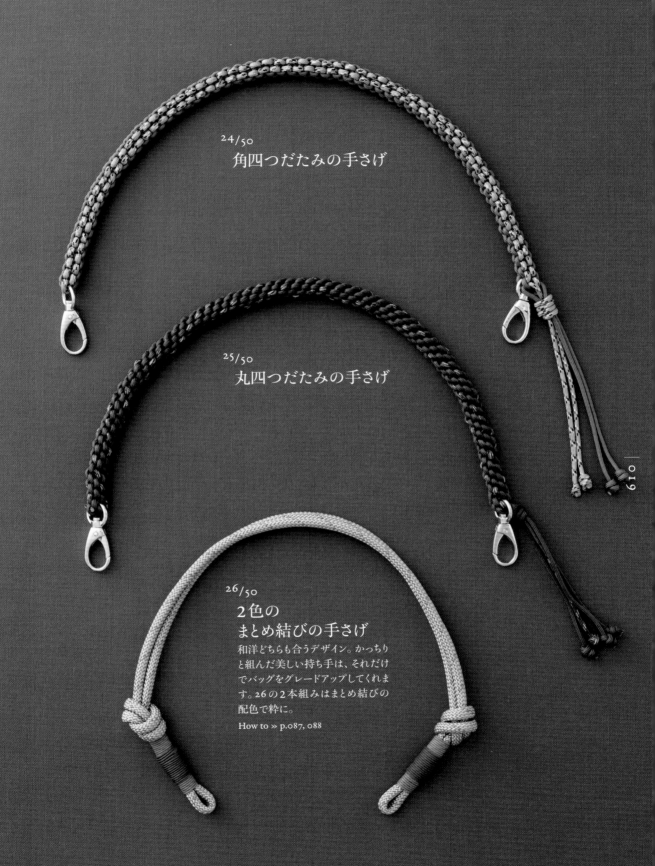

²⁴/50
角四つだたみの手さげ

²⁵/50
丸四つだたみの手さげ

²⁶/50
**2色の
まとめ結びの手さげ**
和洋どちらも合うデザイン。かっちり
と組んだ美しい持ち手は、それだけ
でバッグをグレードアップしてくれま
す。26の2本組みはまとめ結びの
配色で粋に。
How to » p.087, 088

019

²⁷/₅₀
チェーンノットの手さげ

²⁸/₅₀
左右結びの手さげ

²⁹/₅₀
エンドレスフォールの手さげ（ブラック系）

リズムを刻むように繰り返して結ぶのも結びの面白さ。
27、28は1本のひもだけで結び、29は太細2本のひもを
組み合わせて結んでいます。

How to » p.088, 089

30/50

エンドレスフォールの手さげ (イエロー系)

29と同じ、チェーンのように連なるエンドレスフォールの手さげ。
シンプルなバッグにも装飾的なバッグにもよく合います。

How to » p.089

　　ダブル平結びの手さげ
　　サメの歯結びの手さげ

31/50

輪結びの手さげ

マルチカラーの
輪結びの手さげ

いつものバッグにマンネリを感じたら、
個性派の持ち手で大胆にイメージチェンジを。
カラフルな色使いやひとクセのあるデザインは、
見た目も気分もがらりと変えてくれます。

How to » p.090, 091

32/50

33/50

34/50

for ショルダーバッグ

肩掛けや斜め掛けに活躍するショルダーに
自分好みの長さやフィット感を。

長さ65〜130cm

024

35/50

四つ編みの4色ショルダー

オーソドックスな四つ編みをカラフルな配色でファッショナブルに。
シックなバッグもぐっと華やかになります。

How to ≫ p.092

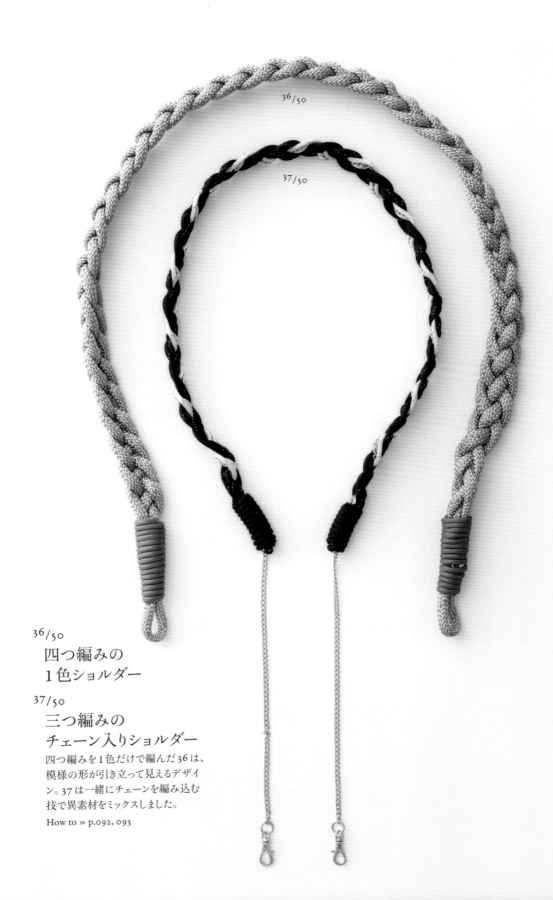

025

四つ編みの
1色ショルダー

三つ編みの
チェーン入りショルダー

四つ編みを1色だけで編んだ36は、
模様の形が引き立って見えるデザイ
ン。37は一緒にチェーンを編み込む
技で異素材をミックスしました。

How to » p.092, 093

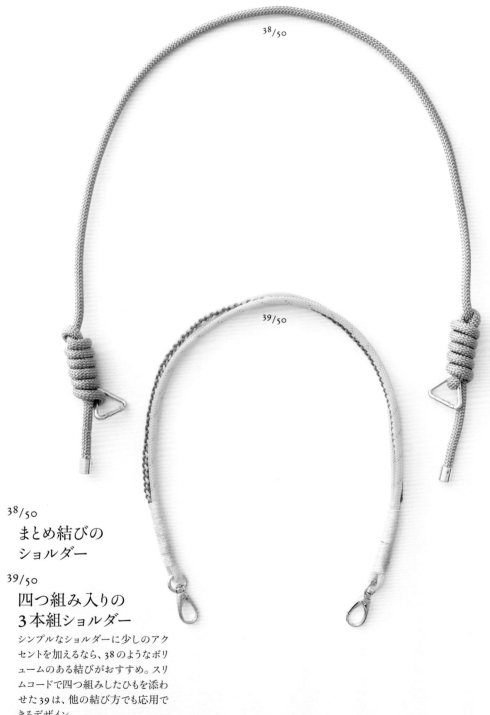

39/50

38/50
まとめ結びの
ショルダー

39/50
四つ組み入りの
3本組ショルダー
シンプルなショルダーに少しのアク
セントを加えるなら、38のようなボリ
ュームのある結びがおすすめ。スリ
ムコードで四つ組みしたひもを添わ
せた39は、他の結び方でも応用で
きるデザイン。
How to » p.093, 094

40/50

つゆ結びのショルダー

38と同様に結びをアクセントにした
ショルダーは、ハンドバッグでも用い
たつゆ結びを使用。まとめ結びの
ブルーの差し色によって結びがより
引き立って見えます。

How to ≫ p.094

41/50

シルバーベースの Mix ショルダー

複数の結びを組み合わせたミックスショルダーは、ロープ持ち手の魅力が最大限に
詰まった逸品。ベーシックなバッグもオリジナリティ溢れるデザインへと変わります。

How to » p.095

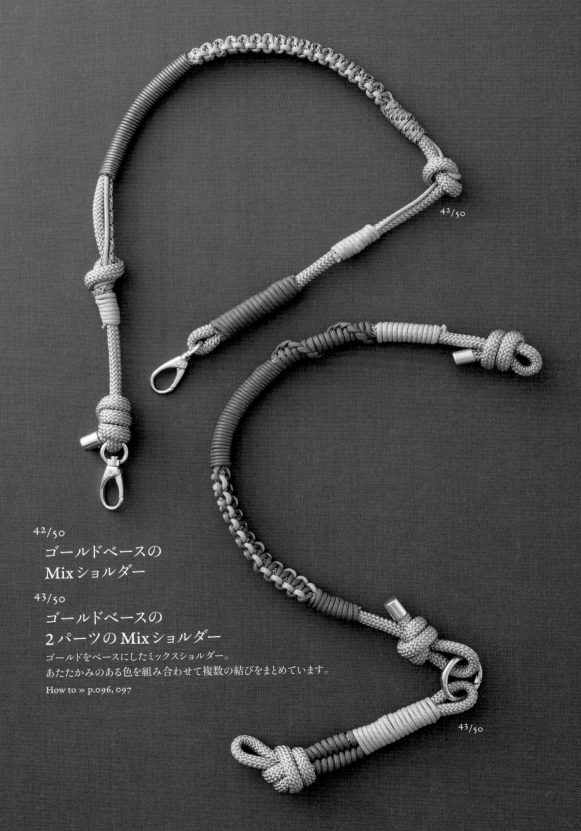

42/50
ゴールドベースの
Mixショルダー

43/50
ゴールドベースの
2パーツのMixショルダー
ゴールドをベースにしたミックスショルダー。
あたたかみのある色を組み合わせて複数の結びをまとめています。

How to » p.096, 097

四つ組みのショルダー

ひと結びの2本組ショルダー

44、45は4本を組んだ模様が美しい四つ組みショルダーは、ポイントになる色が中心になるストライプ柄で組みます。46のように十分な太さの8mmロープの場合は、ひと結びするだけで機能的に。

How to » p.097, 098

44/50

45/50

46/50

47/50

くさり結びのショルダー（赤系）

輪を交互に通してできる立体的な形状のくさり編み。
同系色の場合は、濃淡のある色の組み合わせにすると陰影がつきます。

How to » p.099

48/50
くさり結びのショルダー (青系)

49, 50/50
叶結びのショルダー

青とゴールドの組み合わせがシックな48は、47の配色違い。
49、50のチェーンのような形状は叶結びで太さの異なるひもを使用しています。
バッグにつけると個性的なチェーンバッグに！

How to » p.099

50/50

49/50

48/50

033

バッグチャーム3種

持ち手づくりで余ったひもは、バッグチャームに活用を。
個性的な結び方はそれだけで魅力的。
左から8の字結び3種、あわじ玉、国結び。
How to » p.100

持ち手の
テクニックと
作り方

主な材料と道具

A ひも（ロープ、コード）
さまざまな種類、材質のロープやコード（説明ではすべて、ひもで表記）を使います。メインになる写真のロープはポリエステル製で十分な強度があり、6mmと8mmがあります。
作品に使用したひもの種類 » p.102

B クリップボード
ひもを結ぶ際、端をはさんで固定できるので便利。無い場合は、重しになるものをのせましょう。

C はさみ
ひもをカットします。

D ペンチ
ひも端を引っ張る際にあると便利。

E メジャー
長さを測ります。

F ライター
焼きどめ（右ページ）に使います。着火口が長い方が安全。

G 竹串
端の処理（右ページ）や、ボンドづけに使用します。

ひも端の処理はココに注意

作り始めの処理
焼きどめ

ひもをカットすると中の繊維が出てくるため、ライターで表面を溶かし、ほつれを防止します。あぶる際は火が安定している青い火（火口付近）で溶かします。

その他の焼きどめの使用
2本をつなぐ

1
つなぐ2本の端をあぶる。

2
素早くひも同士を突き合わせて接着させる。ヤケドに注意。

3
つないだ部分が熱いうちに火口部分で押さえ、表面をなじませる。

4
2本がつながる。

仕上げの処理
ほつれを隠す

途中でカットした端も、ほつれてきます。結んだ状態で焼きどめするのは難しいため、端の繊維が飛び出てきたら、竹串などで結び目の中に押し込んで隠しましょう。

金属パーツと接続パーツ

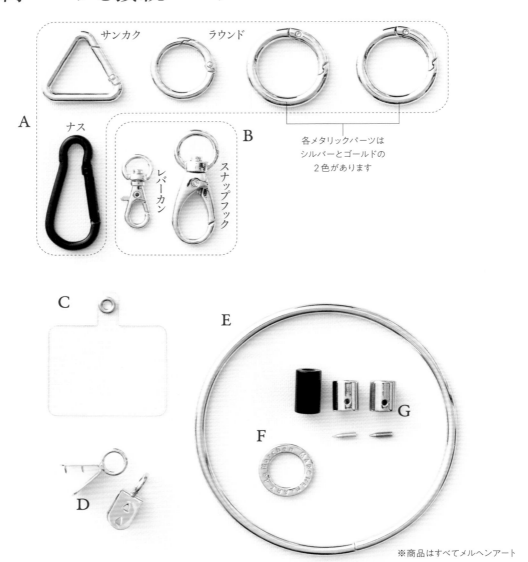

サンカク　ラウンド

A　ナス

B　レバーカン　スナップフック

各メタリックパーツは
シルバーとゴールドの
2色があります

C

D

E

F

G

※商品はすべてメルヘンアート

A カラビナ
持ち手をバッグに取りつけたり、パーツ
同士をつなぐのに使います。後付けでき
るため、交換も可能。色やサイズ違い
の他、形も丸、三角、ナス型があります。

D くわえカン
バッグにループやカンがついていな
い場合に取りつけて使います。布や
編み地製品に対応しています。

B レバーカン／スナップフック
カラビナ同様にバッグに取りつけたり、
スマホストラップの接続に使います。前
付けになるため、先にひもに通しておく
必要があります。

E,F リング
大は複数のパーツをまとめてつける際に
便利。ロゴリングはストッパーに使います。

C スマホタグパッチ
スマホケースに穴がなくても、これが
あればストラップをつけることができま
す。ケースとスマホの間にはさみます。

G コードキャップ
アウトドアロープ6mm、8mmに対応
したキャップ。すべて金属製。つけ方
は右ページに。

パーツ類のつけ方はココに注意

レバーカン／スナップフック
前付け

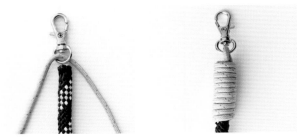

ひもを通す部分の輪が開かないレバーカンやスナップフックは、先にひもに通してから結んで取りつけます。

カラビナ
後付け

輪が開くカラビナは、結び終えた完成後に取りつけます。外すこともできるため、交換可能です。

コードキャップ
つけ方は2タイプ

ねじタイプ

ひも端にキャップをかぶせ、ねじを締める。※眼鏡のねじなどを締める細密プラスドライバーを使う（100円ショップでも入手可能）。

ボンドタイプ

ボンドタイプは、強力接着のボンド（上写真／レチックス505）がおすすめです。

ボンドを内側に塗り、ひも端にキャップをかぶせて接着する。

How to　作り方

3色のMixストラップ

作品09と色違いのストラップで、
本書で使う共通のテクニックを
紹介します。

7　a+c

8　※5と同様で3回

6　a+b

9　※6と同様で16回

5　a

4　a～c

3　a～c

10　a+c

11　a、c

2　a、b+c

1　a+b

12　a

でき上がり
約117〜125cm

040

金具は後付けのカラビナタイプ。

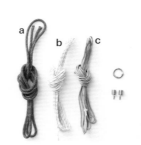

ひもはメインのaに、b、cを足して
作ります。

材料

アウトドアロープ 6mm
　a カーマイン（1824）⋯⋯210cm×1本
メルヘン アウトドアコード
　b レフ-ホワイト（1631）
　　⋯⋯160cm、170cm、180cm×各1本
　c あさぎ（1647）
　　⋯⋯100cm×2本、180cm×1本
コードキャップ 6mm（S1174）⋯⋯1個
ラウンドカラビナ小（S1166）⋯⋯1個
ミニレバーカン（S1070）⋯⋯1個

1　**a**（210cm）を**b**（160cm）でまとめ結びし、3cmのループを作る。
［技法2］

技法2　まとめ結びでループを作る

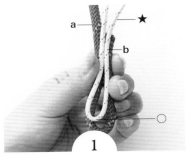

1

芯ひも（**a**）に結びひも（**b**）を重ね、まとめ結び（作品は3cm／p.054）をする。芯（**a**）は「ループ3cm分＋上1cm」で折り、結びひも（**b**）は右図のように折る。

bの折り方

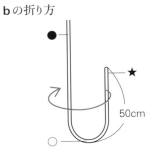

50cm

54ページの「まとめ結び」とは異なり、短い★側（巻き分＋上1cmで折る）で巻くと●側を次の結びで使うことができる。

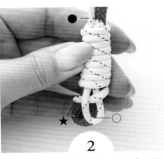

2

★でループ3cm分空けてでき上がりの長さ（作品は3cm）を巻き、ひも端を下の輪○に通す。上側の●をペンチなどで引き、輪○を中に引き込む（» p.011／4）。

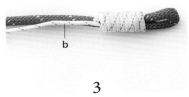

3

余分な結びひもをカットする。※この作品では●の上側**b**はカットせず、以降の工程で使う。

2　**1**から10cm先で、**c**（100cm×1本）を足す。
［技法3］

技法3　ひと結びでひもを足す

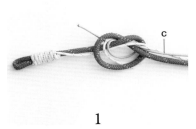

1

a、**b**に追加するひも（**c**）を沿わせ、3本一緒にひと結び（p.044）する。

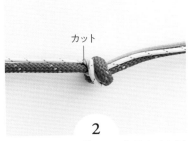

カット

2

ひもを揃えて引き締める。余分なひも（**c**）端はカットする。

3 a、bを芯に、cで輪結び
（7cm／p.051）。

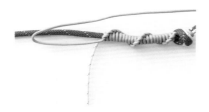

4 cとbで共糸まとめ結び
して始末する。
［技法4］

技法4 共糸まとめ結びで端を始末する

隠すひも（c）の端を折り、巻くひも（b）で巻いて共糸まとめ結び（作品は7cm／p.055）して始末する。まとめ結びしたb、cのひも端はカット。

5 aでひと結び（4回／p.044）。

6 b（180cm）を足して、結ぶ。
［技法5］

技法5 二つ折りでひもを足す

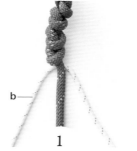

1

追加するひも（b）を二つ折りし、aの下に重ねる。

2

aを芯にして結ぶ（作品は平結び18回／p.056）。

7 ⑥の端をカットし、c（180cm）を足して始末する。[技法6]

技法6　ひもを足し、端をくるんで始末する

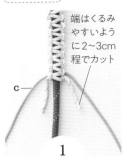

端はくるみやすいように2〜3cm程でカット

c—

1 追加するひも（c）を二つ折りし、前の結びひも（a、b）の下に重ねる。

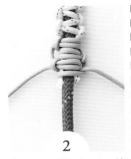

2 前のひもと端をくるんで結ぶ（作品は交互タッチング結び9回／p.053）。

端はきわでカット

結び終わりで、他のひもで始末しない場合は、裏でひも端を2回結ぶ（本結びp.044）。

> **端の始末について**
> 本結び（p.044）で始末する以外に、そばの結び目の中に竹串などで入れ込む方法があります（ゆるむ場合はさらにボンドで接着してもよい）。

8 ⑤と同様にaでひと結び（3回）。

9 ⑥と同様にb（17cm）を足して平結び（16回）。

10 bの端とaをc（100cm×1本）でまとめ結び（5cm／p.054）する。※下側のc端はカットせず、次で使う。

8

9

10

11 aとcでひと結び（p.044）した後、8cm先でもう一度ひと結びしてcの端を始末する。[技法7]

技法7　ひと結びで端を始末する

ひと結びし、始末するひも（c）を結び目のきわでカットする。

12 aを30cm折り返して巻き留め結びする（p.046）。コードキャップ、金具をつけて完成。

結びの種類

ひと結び

コイル巻き

輪を作り、
矢印のように
1回通す

端側

1

輪を作り、
矢印のように
1回通す

1

端側

1

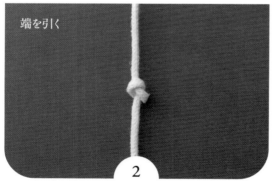

端を引く

2

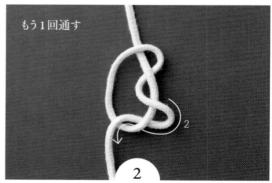

もう1回通す

2

2

本結び

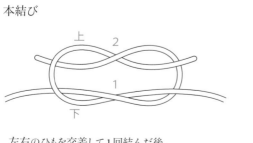

上　　2

1

下

左右のひもを交差して1回結んだ後、
2回目は1回目と左右のひもの上下を逆にして結ぶ

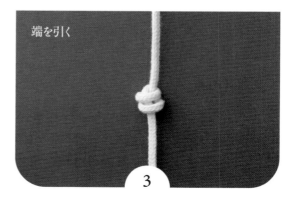

端を引く

3

8の字結び(縦)　　　　　　　　8の字結び(横)

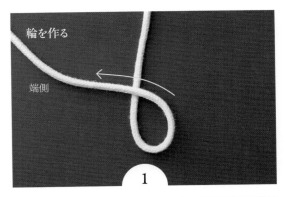

輪を作る

端側

1

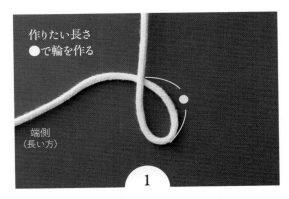

作りたい長さ
●で輪を作る

端側
(長い方)

1

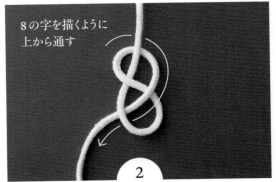

8の字を描くように
上から通す

2

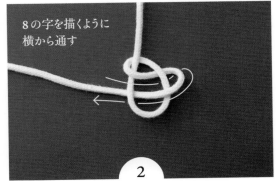

8の字を描くように
横から通す

2

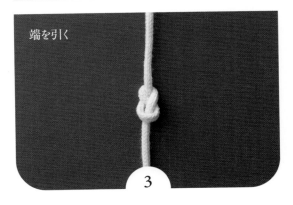

端を引く

3

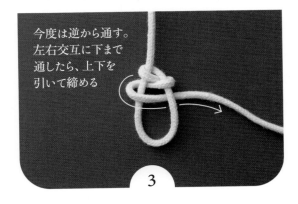

今度は逆から通す。
左右交互に下まで
通したら、上下を
引いて締める

3

巻き留め結び（3回巻）

輪を作る　　端側

1

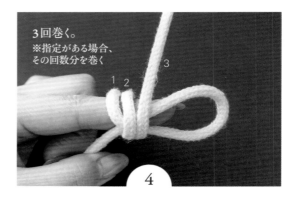

3回巻く。
※指定がある場合、
その回数分を巻く

1　2　　3

4

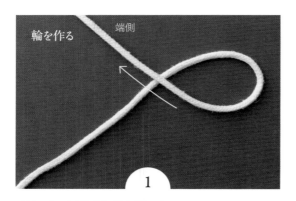

交差部分を持つ

2

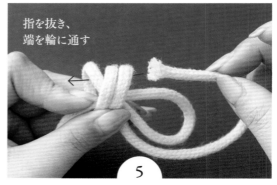

指を抜き、
端を輪に通す

5

端側で交差部分を
持った指ごと巻く

3

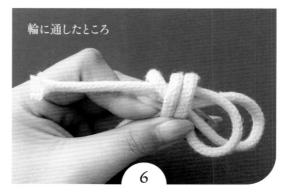

輪に通したところ

6

ひもの長さの調整
輪側を引くと全長が短くなる。
長くしたい場合は、反対側を引く。
次の結び目までの間の長さで調整可能。

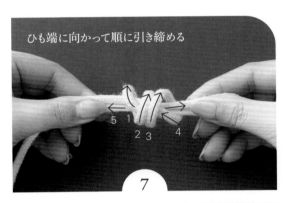

ひも端に向かって順に引き締める

5 1
2 3 4

7

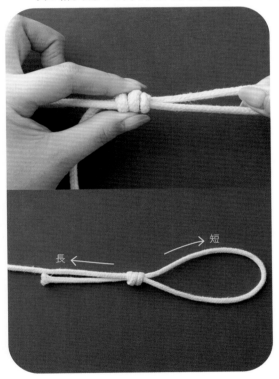

短 →

← 長

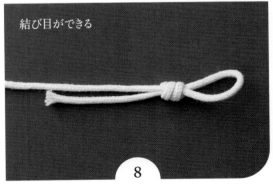

結び目ができる

8

片側（右）を巻き留め結びして
長さ調整を可能に。作品 ０４

巻き留め結びの
使用例

巻く回数を増やせば（写真は５回）、
機能性に装飾性が加わる。作品 ０２

チェーンノット

輪を作り、
進行方向側を
輪にして引き出す

1

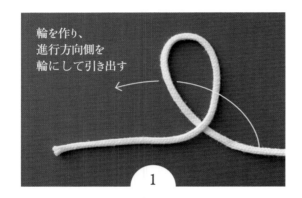

引き出したところ。
端側から
進行方向側に
引き締める

2

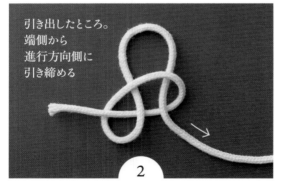

結び目ができる。
次も、輪にして引き出す

3

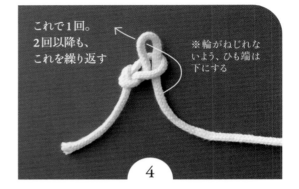

これで1回。
2回以降も、
これを繰り返す

※輪がねじれな
いよう、ひも端は
下にする

4

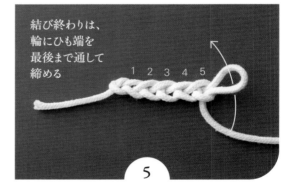

結び終わりは、
輪にひも端を
最後まで通して
締める

1 2 3 4 5

5

ウィービング

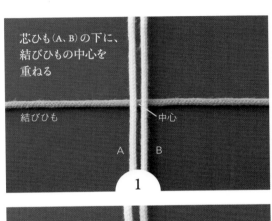

芯ひも（A、B）の下に、
結びひもの中心を
重ねる

結びひも　　　中心

A　B

1

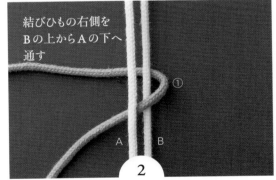

結びひもの右側を
Bの上からAの下へ
通す

①

A　B

2

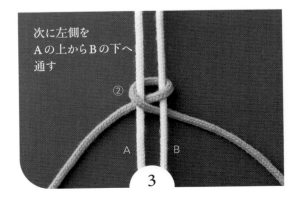

次に左側を
Aの上からBの下へ
通す

②

A　B

3

左右に引く。
これで1回

←　　　　　→

4

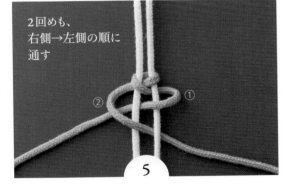

2回めも、
右側→左側の順に
通す

②　　　①

5

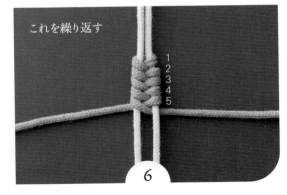

これを繰り返す

1
2
3
4
5

6

とめ結び

タッチング結び（右タッチング結び）

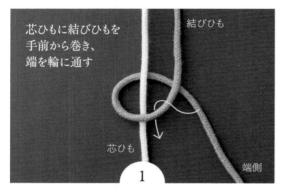

芯ひもに結びひもを
手前から巻き、
端を輪に通す

結びひも

芯ひも

端側

1

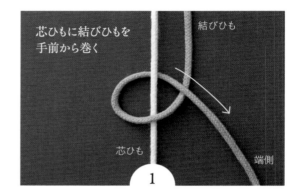

芯ひもに結びひもを
手前から巻く

結びひも

芯ひも

端側

1

端を引く

2

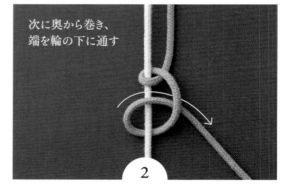

次に奥から巻き、
端を輪の下に通す

2

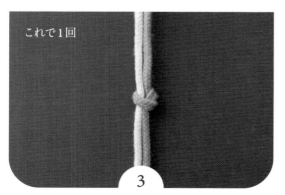

これで1回

3

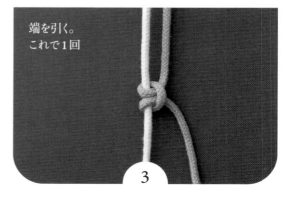

端を引く。
これで1回

3

輪結び（右輪結び）　　　　　　　　　　　左右結び

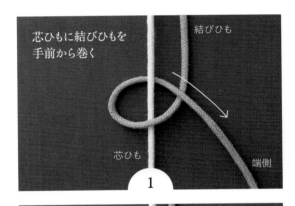

芯ひもに結びひもを
手前から巻く

結びひも

芯ひも

端側

1

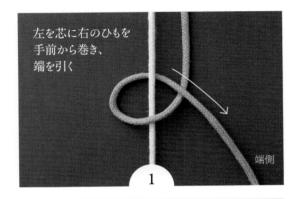

左を芯に右のひもを
手前から巻き、
端を引く

端側

1

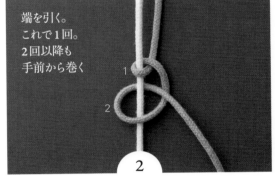

端を引く。
これで1回。
2回以降も
手前から巻く

1
2

2

次に右を芯に
左のひもを手前から
巻き、端を引く

端側

2

繰り返すと、結び目が
らせん状にねじれる

1
2
3
4
5

3

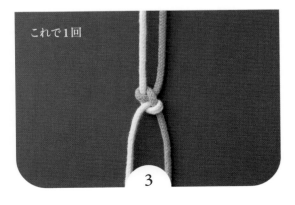

これで1回

3

つゆ結び　　　　　　　　　　　　　交互輪結び

左のひもに
右のひもを
手前から巻く

端側

1

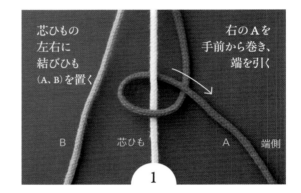

芯ひもの
左右に
結びひも
（A、B）を置く

右のAを
手前から巻き、
端を引く

B　　　　　芯ひも　　　A　　端側

1

次に左のひもを
奥から巻き、
左の輪に通して
両端を引く。
これで1回

端側

2

次に左のBを
手前から巻き、
端を引く。
これで1回

B

端側

2

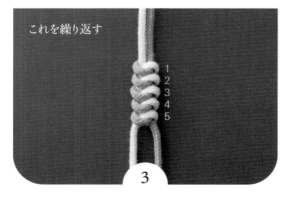

これを繰り返す

1
2
3
4
5

3

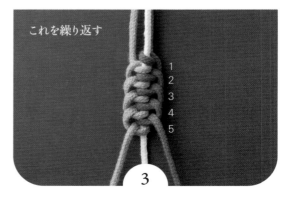

これを繰り返す

1
2
3
4
5

3

交互タッチング結び

ロール巻

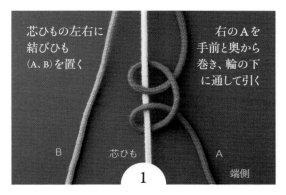

芯ひもの左右に
結びひも
（A、B）を置く

右のAを
手前と奥から
巻き、輪の下
に通して引く

B　芯ひも　A

端側

1

芯ひもを
結びひもで
ひも端を折り込み
上から巻いていく

芯ひも

結びひも

1

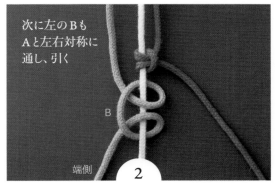

次に左のBも
Aと左右対称に
通し、引く

B

端側

2

指定の長さを
巻いたら、最後の
輪の中に通す

2

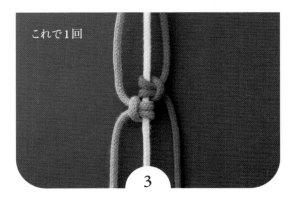

これで1回

3

端を引いて締める

3

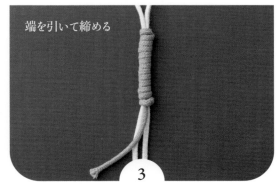

まとめ結び

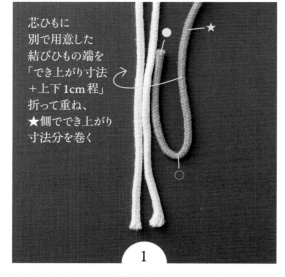

芯ひもに
別で用意した
結びひもの端を
「でき上がり寸法
＋上下1cm程」
折って重ね、
★側ででき上がり
寸法分を巻く

1

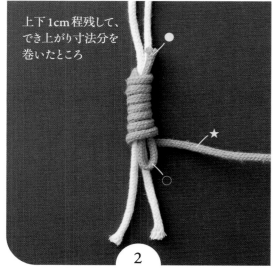

上下1cm程残して、
でき上がり寸法分を
巻いたところ

2

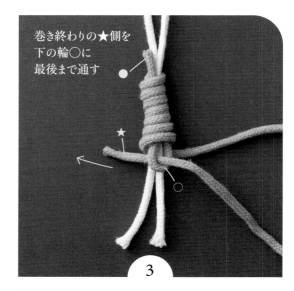

巻き終わりの★側を
下の輪○に
最後まで通す

3

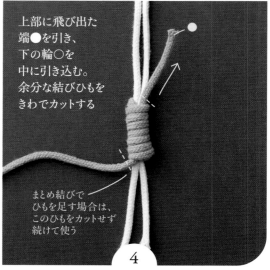

上部に飛び出た
端●を引き、
下の輪○を
中に引き込む。
余分な結びひもを
きわでカットする

まとめ結びで
ひもを足す場合は、
このひもをカットせず
続けて使う

4

共糸まとめ結び

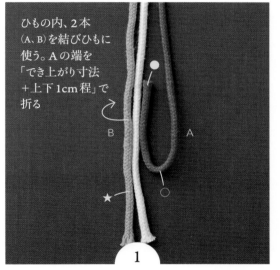

ひもの内、2本
(A、B)を結びひもに
使う。Aの端を
「でき上がり寸法
＋上下1cm程」で
折る

B　A

1

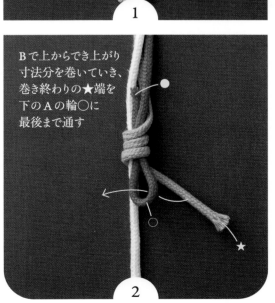

Bで上からでき上がり
寸法分を巻いていき、
巻き終わりの★端を
下のAの輪○に
最後まで通す

2

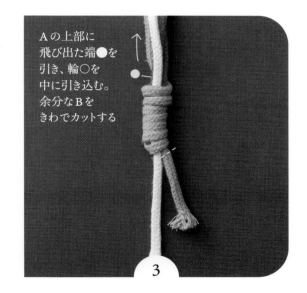

Aの上部に
飛び出た端●を
引き、輪○を
中に引き込む。
余分なBを
きわでカットする

3

平結び（左上平結び）

芯ひもの
左右に
結びひも
（A、B）を置く

Aを4の字に
重ね、
Bをのせる

端側

A

B

芯ひも

端側

1

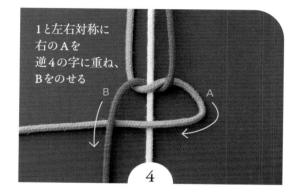

1と左右対称に
右のAを
逆4の字に重ね、
Bをのせる

B

A

4

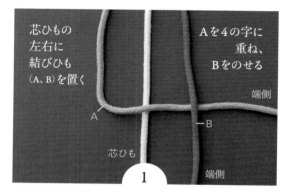

B

Bを芯ひもの下から
Aの上へ通す

2

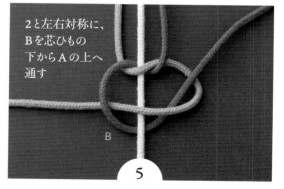

2と左右対称に、
Bを芯ひもの
下からAの上へ
通す

B

5

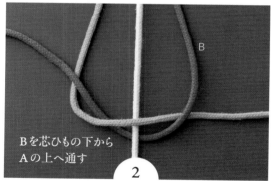

A、Bを
左右に引く。
これで0.5回

B

A

3

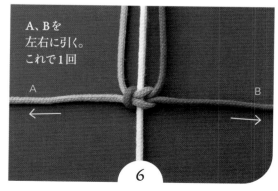

A、Bを
左右に引く。
これで1回

A

B

6

ねじり結び（左上ねじり結び）

「平結び」（p.056）の
1〜2と同様にする

芯ひも

A

B

1

Aを芯ひもの
下からBの上へ
通す

A

4

A、Bを
左右に引く。
これで1回

B ←

→ A

2

A、Bを
左右に引く。
これで2回

A ←

→ B

5

2回以降も同様に
する。左のBを
4の字に重ね、
Aをのせる

B

A

3

複数回結ぶと
らせん状になる

4〜5回ごとに
ねじれを
整える

6

エンドレスフォール

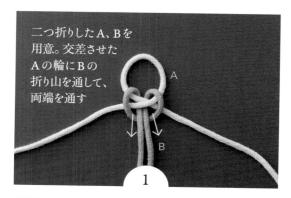

二つ折りしたA、Bを
用意。交差させた
Aの輪にBの
折り山を通して、
両端を通す

A

B

1

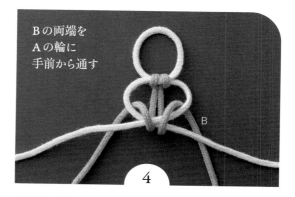

Bの両端を
Aの輪に
手前から通す

B

4

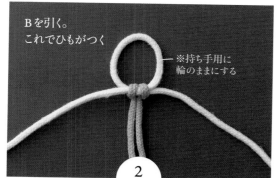

Bを引く。
これでひもがつく

※持ち手用に
輪のままにする

2

A、Bを引く。
これで(3〜4で)
1回

5

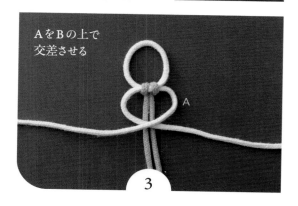

AをBの上で
交差させる

A

3

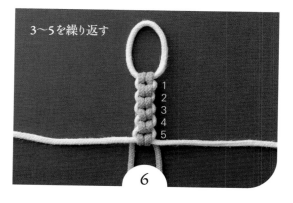

3〜5を繰り返す

1
2
3
4
5

6

058

わだち結び

二つ折りした芯ひもの
下に結びひもAの
中心を重ねる

※作品では
金具につける

A

中心

芯ひも

1

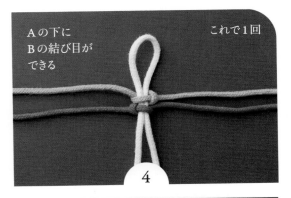

Aの下に
Bの結び目が
できる

これで1回

4

「平結び」
(p.056)の要領で、

左側で4の字に、
右側を下から上へ
通して引く

A

2

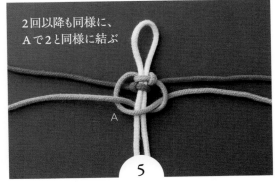

2回以降も同様に、
Aで2と同様に結ぶ

A

5

Aの下に結びひもB
を同様に重ね、

Aとは左右対称に
通して引く

B

3

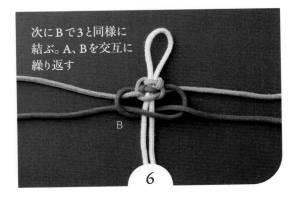

次にBで3と同様に
結ぶ。A、Bを交互に
繰り返す

B

6

丸四つだたみ

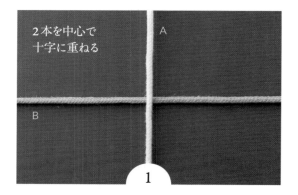

2本を中心で
十字に重ねる

A

B

1

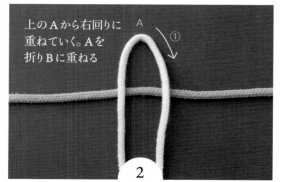

上のAから右回りに
重ねていく。Aを
折りBに重ねる

A

①

2

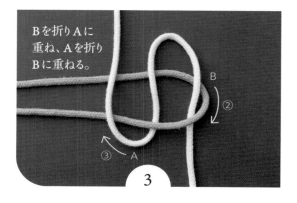

Bを折りAに
重ね、Aを折り
Bに重ねる。

B

②

③　A

3

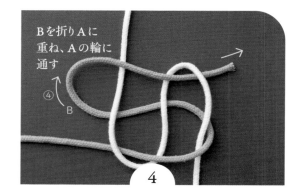

Bを折りAに
重ね、Aの輪に
通す

④

B

4

A、Bを均等に引く。
これで1回

5

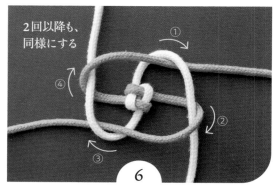

2回以降も、
同様にする

①

④

②

③

6

角四つだたみ

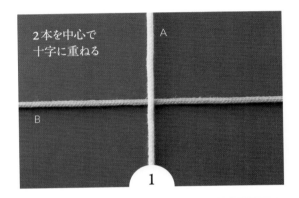

2本を中心で
十字に重ねる

A

B

1

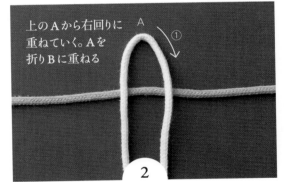

上のAから右回りに
重ねていく。Aを
折りBに重ねる

A
①

2

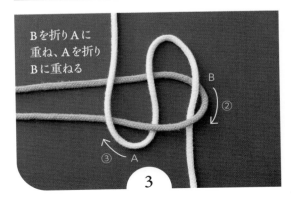

Bを折りAに
重ね、Aを折り
Bに重ねる

B
②

③ A

3

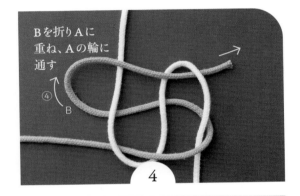

Bを折りAに
重ね、Aの輪に
通す

④
B

4

A、Bを均等に引く。
これで1回

5

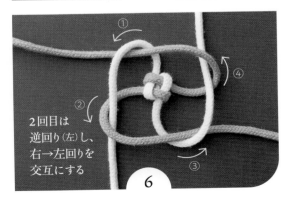

①

④

②

③

2回目は
逆回り（左）し、
右→左回りを
交互にする

6

くさり結び

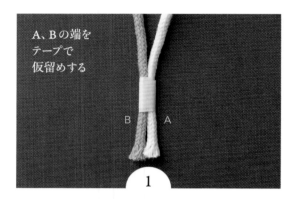

A、Bの端を
テープで
仮留めする

1

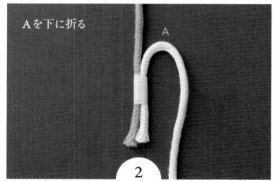

Aを下に折る

A

2

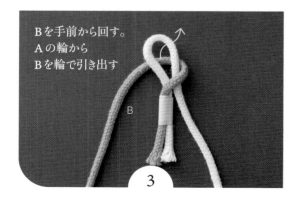

Bを手前から回す。
Aの輪から
Bを輪で引き出す

B

3

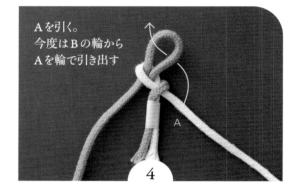

Aを引く。
今度はBの輪から
Aを輪で引き出す

A

4

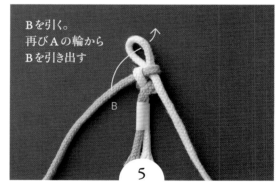

Bを引く。
再びAの輪から
Bを引き出す

B

5

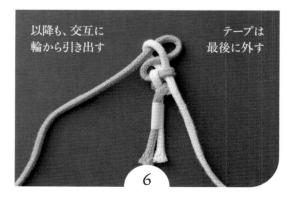

以降も、交互に
輪から引き出す

テープは
最後に外す

6

叶結び

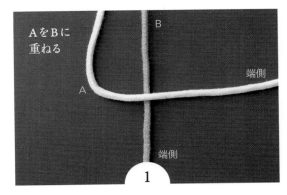

AをBに
重ねる

B
端側
A
端側

1

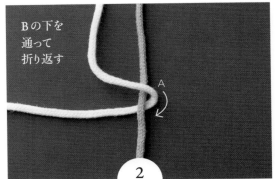

Bの下を
通って
折り返す

A

2

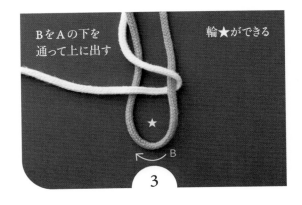

BをAの下を
通って上に出す

輪★ができる

★

B

3

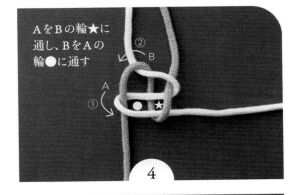

AをBの輪★に
通し、BをAの
輪●に通す

②
B
A
①
● ★

4

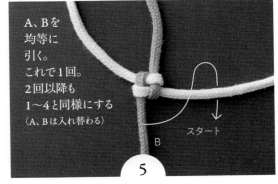

A、Bを
均等に
引く。
これで1回。
2回以降も
1〜4と同様にする
（A、Bは入れ替わる）

スタート

B

5

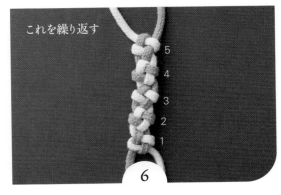

これを繰り返す

5
4
3
2
1

6

サメの歯結び

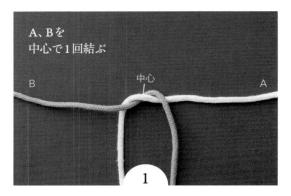

A、Bを
中心で1回結ぶ

B　　　　　中心　　　　　A

1

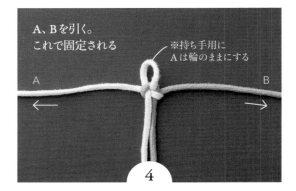

A、Bを引く。
これで固定される

※持ち手用に
Aは輪のままにする

A　　　　　　　　　　　B

←　　　　　　　　　→

4

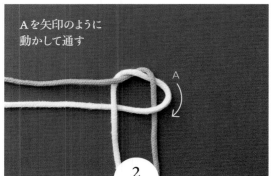

Aを矢印のように
動かして通す

A

2

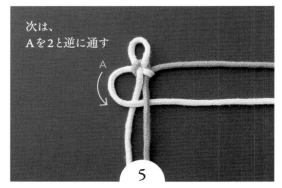

次は、
Aを2と逆に通す

A

5

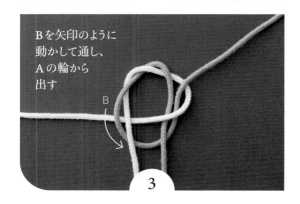

Bを矢印のように
動かして通し、
Aの輪から
出す

B

3

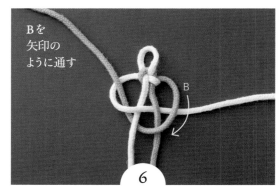

Bを
矢印の
ように通す

B

6

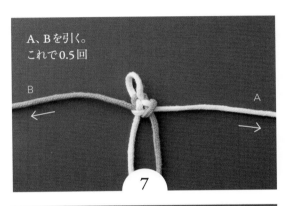

A、Bを引く。
これで0.5回

B

A

7

A、Bを引く。
これで1回

A

B

10

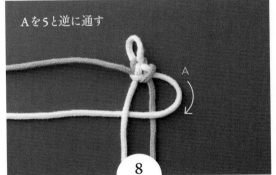

Aを5と逆に通す

A

8

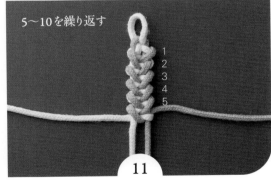

5〜10を繰り返す

1
2
3
4
5

11

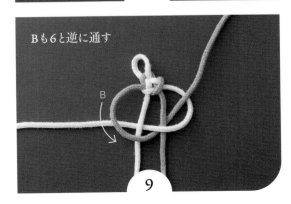

Bも6と逆に通す

B

9

七宝結び

芯ひもの
左右に
結びひもを
置く。
これを2セット
(A、B) 用意

芯ひも

結びひも

A　　　　　B

1

Aで
「平結び」
(p.056)を
1回結ぶ

A

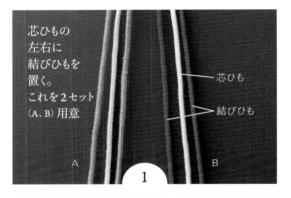

2

Bで2と
左右対称の
動きで、
平結びを
1回結ぶ

B

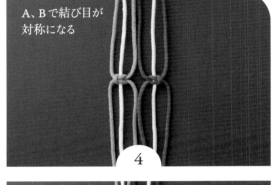

3

A、Bで結び目が
対称になる

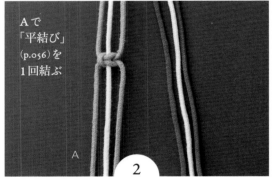

4

A、Bの芯ひもで
平結びを
1回結ぶ

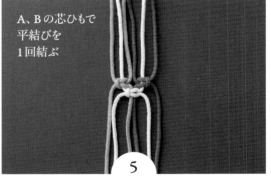

5

2〜5を繰り返す

6

三つ編み

3本（A～C）
で左のA
を中央に
する

A B C

1

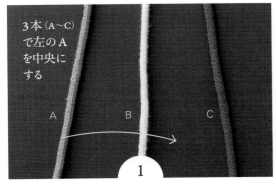

右のCを
中央にする

C

2

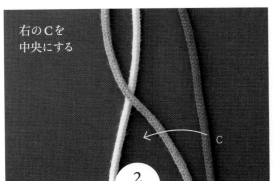

左のBを
中央にする

B

3

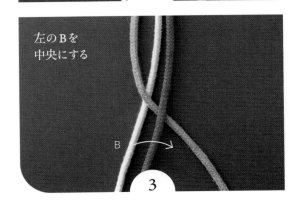

右のAを
中央にする

A

4

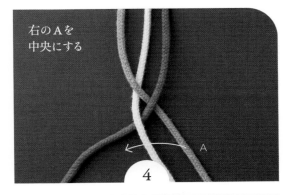

左のCを
中央にする

C

5

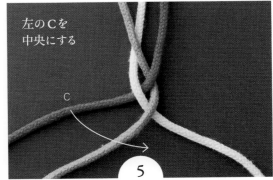

以降も左右の端を
交互に中央にする

6

四つ組み

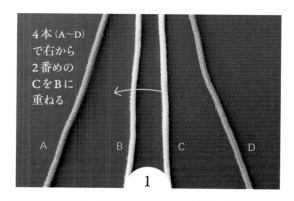

4本（A〜D）
で右から
2番めの
CをBに
重ねる

1

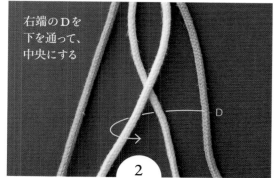

右端のDを
下を通って、
中央にする

D

2

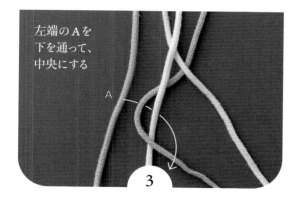

左端のAを
下を通って、
中央にする

A

3

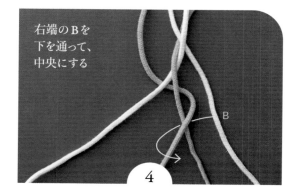

右端のBを
下を通って、
中央にする

B

4

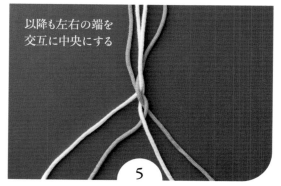

以降も左右の端を
交互に中央にする

5

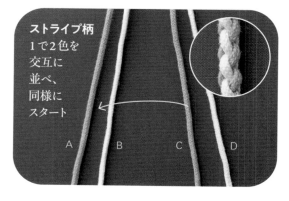

ストライプ柄
1で2色を
交互に
並べ、
同様に
スタート

A   B   C   D

四つ編み

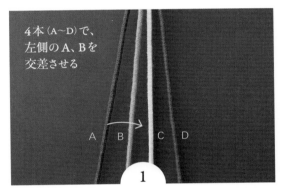

4本（A～D）で、
左側のA、Bを
交差させる

A　B　　C　D

1

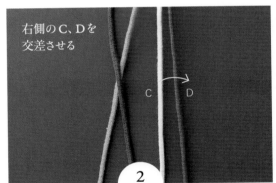

右側のC、Dを
交差させる

C　　D

2

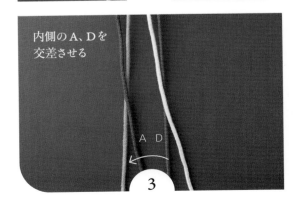

内側のA、Dを
交差させる

A D

3

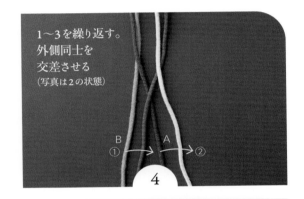

1～3を繰り返す。
外側同士を
交差させる
（写真は2の状態）

B　　A
①　　　　②

4

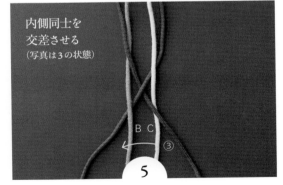

内側同士を
交差させる
（写真は3の状態）

B C
　　③

5

引き締めながら
編んでいく

6

あわじ玉

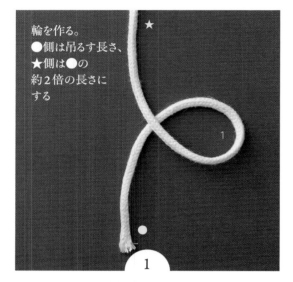

輪を作る。
●側は吊るす長さ、
★側は●の
約2倍の長さに
する

1

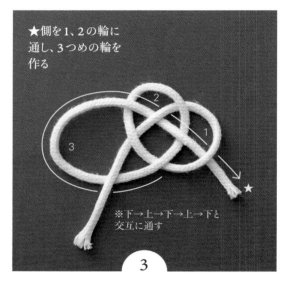

★側を1、2の輪に
通し、3つめの輪を
作る

※下→上→下→上→下と
交互に通す

3

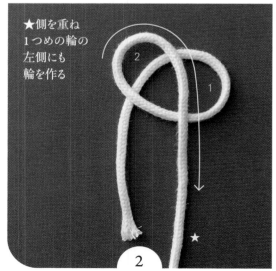

★側を重ね
1つめの輪の
左側にも
輪を作る

2

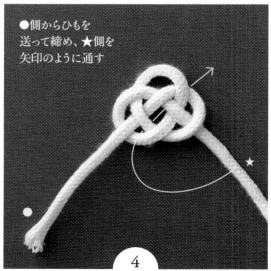

●側からひもを
送って締め、★側を
矢印のように通す

4

作品は中心で
2つ折りした
折り山を★にして
2本取りで作る。

★

4つめの輪ができる

2

3

1

4

★

5

ひもを送りながら、
球形になるように
輪の中に指を入れる

7

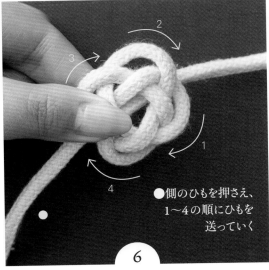

2

3

1

4

●側のひもを押さえ、
1〜4の順にひもを
送っていく

6

ひとつの輪が
締まったら、
次の輪を
送って締めていく

8

国結び

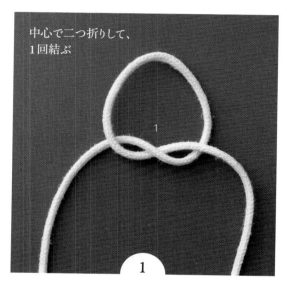

中心で二つ折りして、
1回結ぶ

1

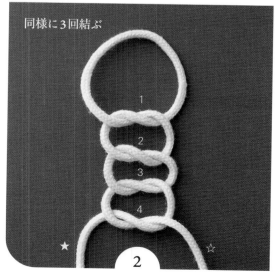

同様に3回結ぶ

2

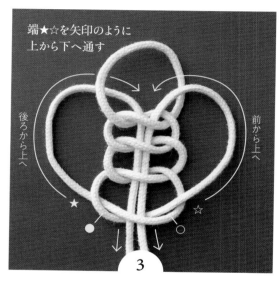

端★☆を矢印のように
上から下へ通す

後ろから上へ

前から上へ

3

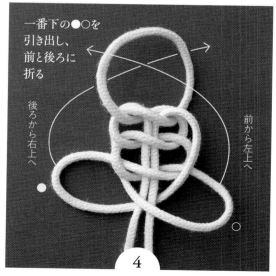

一番下の●○を
引き出し、
前と後ろに
折る

後ろから右上へ

前から左上へ

4

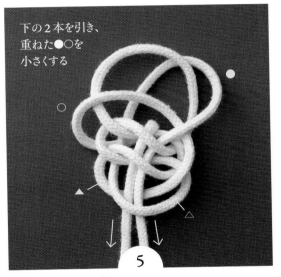

下の2本を引き、
重ねた●○を
小さくする

5

ひもを送り、重ねた△を小さくする
裏にして▲も同様にする

7

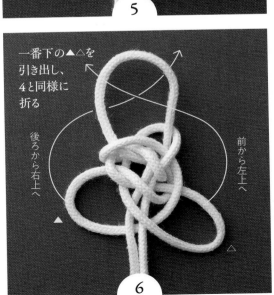

一番下の▲△を
引き出し、
4と同様に
折る

後ろから右上へ

前から左上へ

6

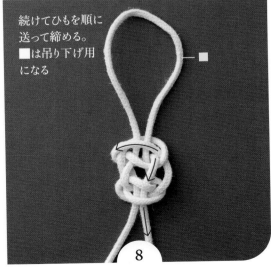

続けてひもを順に
送って締める。
■は吊り下げ用
になる

8

結びの種類 | 073

作品の一覧と作り方

各持ち手は、材料を用意したら、以下のスタートの種類に従って作り始めましょう。

※でき上がりサイズは金具を含みません。

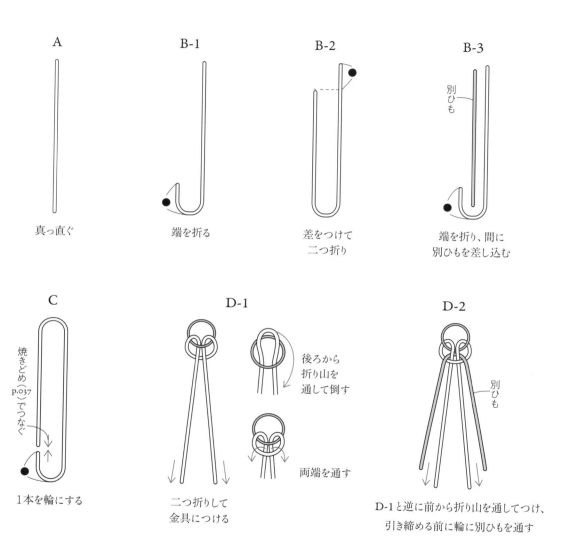

| | A | B-1 | B-2 | B-3 |

A
真っ直ぐ

B-1
端を折る

B-2
差をつけて
二つ折り

B-3
別ひも
端を折り、間に
別ひもを差し込む

C
焼きどめ
（p.037）
でつなぐ
1本を輪にする

D-1
後ろから
折り山を
通して倒す
両端を通す
二つ折りして
金具につける

D-2
別ひも
D-1と逆に前から折り山を通してつけ、
引き締める前に輪に別ひもを通す

B〜Cは
レバーカンやスナップフック
の場合、先にひもに通し
輪の位置にセットする

・各結びの単位は、回数、または長さで表記しています。作り手の手加減
　によっては結び目の大きさや長さが異なる場合があるため、これらは目安
　として作業しましょう。

・表に出たひも端の始末は、裏で本結び（p.044）、あるいは竹串で近
　くの結び目の中に入れ込みましょう（さらにボンドで接着してもよい）。

・材料の商品はすべてメルヘンアートの商品で、（　）内は品番です。

伸縮するスタンダードストラップ

photo to » p.005

材料

アウトドアロープ 6mm
　a ゴールド (1826)……220cm×1本
メルヘン スリムコード
　b ターコイズ (1679)……80cm×1本
コードキャップ 6mm (G1175-ゴールド)……2個
ミニレバーカン (G1071-ゴールド)……2個

作り方

スタート　a にレバーカンを1個通し、B-1 (●=10cm)。

1　a を b で4cm まとめ結びし、3cm のループを作る [技法2／p.041]。

2　反対側の a にレバーカンを1個通し、40cm 折り返して巻き留め結び (5回巻／p.046)。

仕上げ　コードキャップをつける。

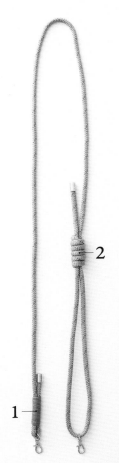

でき上がり
約85〜155cm

伸縮するフォーノットストラップ

photo to » p.005

材料

アウトドアロープ 6mm
　a コバルト (1825)……300cm×1本
サンカクカラビナ (S1170-シルバー)……1個
ラウンドカラビナ小 (S1166-シルバー)……1〜3個
コードキャップ 6mm (S1174-シルバー)……2個
ミニレバーカン (S1070-シルバー)……1個

作り方

スタート　a にサンカクカラビナを通し、B-2 (●=90cm)。

1　折った輪から3cm 空けてつゆ結び (1回／p.052)を1個、8cm 間隔で3個。

2　8cm 空けてつゆ結び (3回／p.052)。

3　反対側の端を1のカラビナに通し、50cm 折り返して巻き留め結び (4回巻／p.046)。

仕上げ　コードキャップ、レバーカン、好みの数のカラビナをつける。

でき上がり
約100〜150cm

伸縮するプレーンノットストラップ

photo to » p.007

材料

アウトドアロープ 8mm
　a ネオンオレンジ（1843）……180cm×1本
スナップフック（S1173-ゴールド）……2個
コードキャップ 8mm（G1177-ゴールド）……2個

作り方

スタート　a にスナップフックを1個通し、B-1（●＝25cm）。

1　a 2本取りでひと結び（1回／p.044）。

2　反対側の端にスナップフックを1個通し、30cm折り返して巻き留め結び（p.046）。

仕上げ　コードキャップをつける。

伸縮するまとめリングのストラップ

photo to » p.007

材料

アウトドアロープ 8mm
　a ゴールド（1846）……180cm×1本
アジアンコード 2.5mm
　b ゴールド（751）……80cm×1本
リングハンドル（G1111-ゴールド）……1個
ロゴリング（AC1722-ゴールド）……1個
ラウンドカラビナ小（G1167-ゴールド）……2個
ミニレバーカン（G1071-ゴールド）……1個
コードキャップ 8mm（G1177-ゴールド）……2個

作り方

スタート　a をリングハンドルに通し、B-1（●＝8cm）。

1　a を b で4cmまとめ結びし、2cmのループを作る（b はカット）［技法2／p.041］。

2　a の長い方の端をロゴリング→1のリング→再びロゴリングに通す。

3　2を40cm折り返して巻き留め結び（2回巻／p.046）。

仕上げ　コードキャップ、レバーカン、カラビナをつける。

でき上がり
約73〜133cm

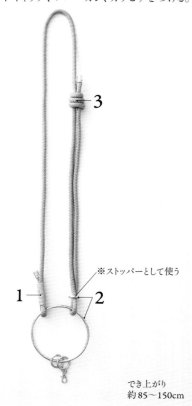

※ストッパーとして使う

でき上がり
約85〜150cm

ネオンカラーの Mix ストラップ

photo to » p.oo8

材料

アウトドアロープ 6mm
　a ネオンライム（1821）……180cm × 2本
メルヘン アウトドアコード
　b ハニカムイエローグリーン（1653）……150cm × 4本
メルヘン スリムコード
　c ホワイト（1671）……250cm × 2本
メタリックバフレザーコード 2mm
　d シルバー（531）……250cm × 1本
ラウンドカラビナ小（S1166-シルバー）……1個
ミニレバーカン（G1070-シルバー）……1個

作り方

スタート　a（各1本）でB-2（●＝80cm）。

1　折った輪から3cm空けて、つゆ結び（5回／p.o52）。aでもう1本作る。

2　1を上下逆に互い違いにして1〜2cm端を重ねる（右下図）。a2本取りを芯に、b（150cm×1本）でまとめ結び（10cm／p.o54）し、つなぎ目を隠す。※以降aの2本取りで作業する。

3　a2本取りにdを足し、ウィービング（12cm／p.o49）。

4　dの端とa2本取りを芯に、b（150cm×1本）でまとめ結び（10cm／p.o54）。

5　18cm空けてa2本取りにc（250cm×1本）を足し、平結び（17cm／p.o56）［技法5／p.o42］。

6　18cm空けてa2本取りを芯に、b（150cm×1本）でまとめ結び（※4と同様）。

7　c（250cm×1本）を足し、ねじり結び（15cm／p.o57）［技法5／p.o42］。

8　cの端とa2本取りを芯に、b（150cm×1本）でまとめ結び（※2と同様）。

仕上げ　カラビナ、レバーカンをつける。

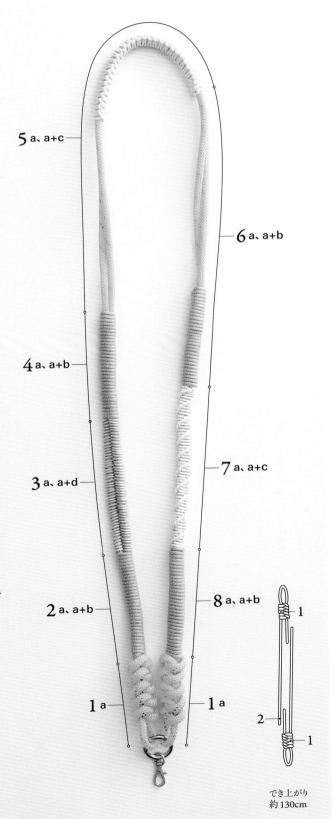

5 a、a+c

6 a、a+b

4 a、a+b

3 a、a+d

7 a、a+c

2 a、a+b

8 a、a+b

1 a　　1 a

1

2

1

でき上がり
約130cm

マルチカラーの Mix ストラップ

photo to » p.008

材料

メルヘン アウトドアコード
　a マゼンタ（1622）……400cm×1本、100cm×1本
　b ハニカムイエロー（1652）
　　……150cm×2本、100cm×1本
メタリックバフレザーコード 2mm
　c ゴールド（532）……250cm×2本
ラウンドカラビナ小（G1167-ゴールド）……2個
ミニレバーカン（G1071-ゴールド）……1個

作り方

スタート	D-1 でカラビナに a（400cm）をつける。
1	c（250cm×1本）を足し、平結び（20cm／p.056）［技法5／p.042］。
2	c の端と a を芯に、b（100cm）でまとめ結び（5cm／p.054）。
3	a で左右結び（15cm／p.051）。
4	a 2本取りに二つ折りした b（150cm×1本）の折り山側を、ひと結びで足す［技法3／p.041］。
5	a 2本、b 2本で四つ組み（80cm／p.068）し、b 1本を折り、b 1本で巻いて共糸まとめ結び 2cm［技法4／p.042］。余分な b はカット。
6	a（100cm）を足し、ねじり結び（10cm／p.057）［技法5／p.042］。
7	b（150cm×1本）を足し、6 で足した a の端と a を芯に平結び（1回／p.056）→交互タッチング結び（10cm／p.053）→平結び（1回／p.056）［技法6／p.043］。b の端は始末する（p.043）。
8	c（250cm×1本）を足し、平結び（※1と同様）。※途中 17cm 結んだところで、芯の a 2本をカラビナに通して折り返し、残り 3cm は芯 4本で結ぶ。終わり端は始末する（p.043）。
仕上げ	カラビナ、レバーカンをつける。

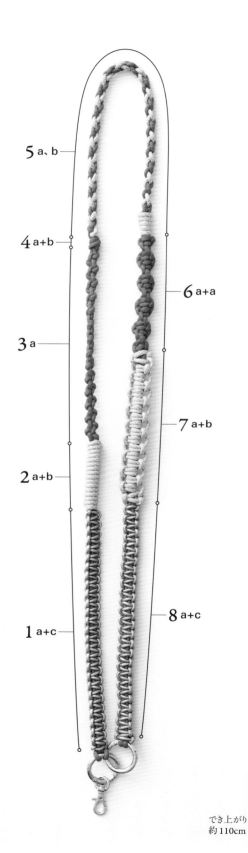

5 a、b
4 a+b
6 a+a
3 a
7 a+b
2 a+b
1 a+c
8 a+c

でき上がり
約 110cm

4色の Mix ストラップ

photo to » p.009

材料

アウトドアロープ 8mm
　aホワイト（1841）……200cm×1本
アジアンコード 2.5mm
　bシルバー（752）……200cm×1本
メルヘン アウトドアコード
　cアーミーグリーン（1641）……300cm×1本
　dカーキ（1640）……140cm×1本、300cm×1本
ラウンドカラビナ小（S1166-シルバー）……1個
ミニレバーカン（G1070-シルバー）……1個
コードキャップ 8mm（G1176-シルバー）……2個

作り方

スタート	aでB-1（●＝10cm）。
1	aを80cm折ったb（200cm）で8cmまとめ結びし、3cmのループを作る（bはカットしない）［技法2／p.041］。
2	10cm空けて、a、bでひと結び（p.044）する。
3	aを芯に、bで輪結びする（6cm／p.051）。
4	a、bを芯に、cでまとめ結び（3cm／p.054）。cはカットしない。
5	a〜cを芯に、d（300cm）でまとめ結び（3cm／p.054）。dはカットしない。
6	aを芯に左b、cと右dで平結び（10回／p.056）。
7	a、b、dを芯に、cでロール巻（3cm／p.053）。bのみカット。
8	a、c、dでひと結び（p.044）。10cm空けて、もう1回ひと結び。
9	a、cを芯にdでロール巻（16cm／p.053）。
10	a、c、dでひと結びし、dをカット［技法7／p.043］。
11	aを芯に、cで輪結びする（6cm／p.051）。
12	d（140cm）を足し、cの端とaを芯に、平結び（10回／p.056）［技法6／p.042］。
13	a、dでひと結びし、dをカット［技法7／p.043］。
14	aの端を好みの位置で折り返し、巻き留め結び（2回巻／p.046）。
仕上げ	コードキャップ、カラビナ、レバーカンをつける。

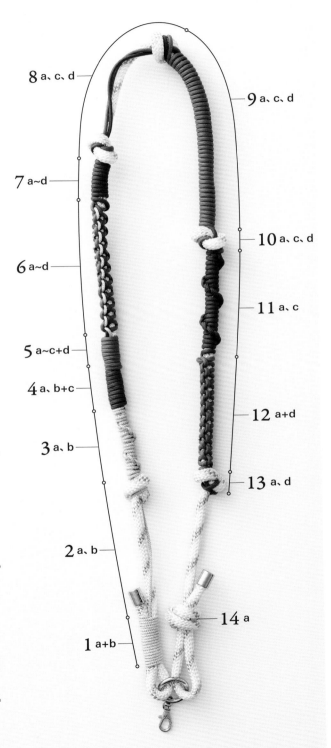

8 a、c、d
9 a、c、d
7 a〜d
6 a〜d
10 a、c、d
11 a、c
5 a〜c+d
4 a、b+c
12 a+d
3 a、b
13 a、d
2 a、b
14 a
1 a+b

でき上がり
約112〜120cm

3色のMixストラップ

photo to » p.009

材料

アウトドアロープ6mm
  a ブラック（1828）……210cm×1本
メルヘン アウトドアコード
  b オレンジ（1623）
    ……160cm、170cm、180cm×各1本
  c アーミーグリーン（1641）
    ……100cm×2本、180cm×1本
ラウンドカラビナ小（G1167-ゴールド）……1個
ミニレバーカン（G1071-ゴールド）……1個
コードキャップ6mm（G1175-ゴールド）……2個

作り方

スタート	**a**でB-1（●=4cm）。

以降は40ページと同様に作る。

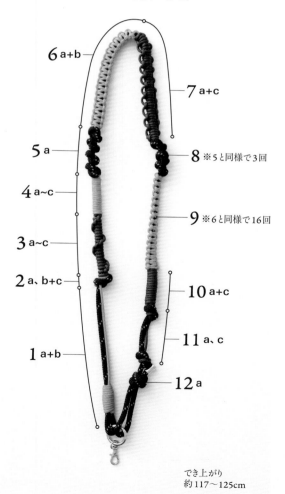

6 a+b
7 a+c
5 a
8 ※5と同様で3回
4 a～c
9 ※6と同様で16回
3 a～c
2 a、b+c
10 a+c
11 a、c
1 a+b
12 a

でき上がり
約117～125cm

8の字結びのハンドル

photo to » p.012

材料

アウトドアロープ6mm
  a ブラック（1828）……300cm×1本
スナップフック（S1172-シルバー）……2個

作り方

スタート	**a**にスナップフックを2個通し、B-2（●=30cm）。
1	右下図のようにセットし、8の字結び・横（28cm／p.045）で、短い方ででき上がりの長さ（28cm）の輪を作り、上から結ぶ。
2	両端をそれぞれ端から2個めの裏の結びに入れ込む。

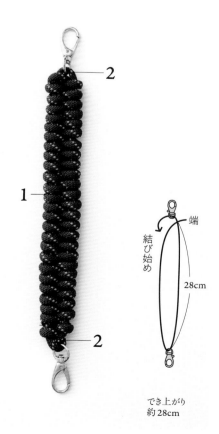

2
1
2

端
結び始め
28cm

でき上がり
約28cm

太い8の字結びのハンドル

photo to » p.013

材料

アウトドアロープ 8mm
　a シルバー（1847）……200cm×1本
ラウンドカラビナ小（S1166-シルバー）……2個

作り方

スタート　a にスナップフックを2個通し、B-2（●=32cm）。

1　右下図のようにセットし、8の字結び・横（30cm／p.045）で、短い方ででき上がりの長さ（30cm）の輪を作り、上から結ぶ。

2　両端をそれぞれ端から2個めの裏の結び目に入れ込む。

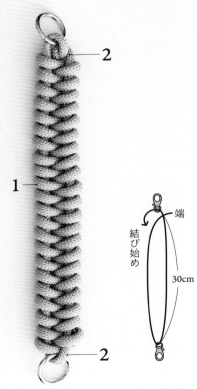

結び始め　端

30cm

でき上がり
約30cm

交互輪結びのハンドル

photo to » p.013

材料

アウトドアロープ 8mm
　a ゴールド（1846）……70cm×1本
メタリックバフレザーコード 2mm
　b カッパー（533）……250cm×1本
　c ブロンズ（534）……250cm×1本
スナップフック（S1173-ゴールド）……2個

作り方

スタート　a にスナップフックを2個通し、C（●=3cm）。

1　スナップフックを輪の上下に移動させ、輪から2cm空けて b でまとめ結び（1.5cm／p.054）。このとき、中に c を入れて巻き、c を足す。

2　b、c で交互輪結び（23cm／p.052）。

3　b を折り、c で巻いて共糸まとめ結び（1.5cm／p.055）。

でき上がり
約30cm

ロール巻のリングハンドル

photo to » p.013

材料

アウトドアロープ 8mm
　a ネオンピンク（1844）……70cm×1本
メルヘン スリムコード
　b ライトグレー（1686）……160cm×2本
メルヘン アウトドアコード
　c ネイビー（1648）……100cm×2本

作り方

スタート	a で C（●＝8cm）。
1	つなぎ目から2cm空けた位置から、b でロール巻（10cm／p.053）。反対側も同様にする。
2	ロール巻の中心で二つ折りし、ロール巻の根元（輪から）を c でまとめ結び（5cm／p.054）し、つなぎ目を隠す。
3	反対側も2と同様にまとめ結び。

平結びのハンドル

photo to » p.013

材料

アウトドアロープ 6mm
　a ブラック（1828）……70cm×1本
バフレザーコード 2mm
　b ブラック（509）……200cm×1本
ロマンスコード 1.5mm
　c オレンジ（865）……200cm×1本
ラウンドカラビナ小（S1166-シルバー）……2個

作り方

スタート	a で C（●＝8cm）。
1	折った輪から5cm空けて、b で平結び（14cm／p.056）［技法5／p.042］。
2	b の端と a を芯に、c で平結び（7cm／p.056）［技法6／p.043］。ひも端は始末する（p.043）。
仕上げ	カラビナをつける。

カラビナをつける場合は、
ラウンドカラビナ中を使用。

でき上がり
約33cm

でき上がり
約30cm

太いつゆ結びの飾りハンドル
つゆ結びの飾りハンドル
photo to » p.014

材料

15
アウトドアロープ 8mm
　a ネオンライム(1842)……150cm × 1本
カラビナ(B1514-ブラック)……2個
コードキャップ 8mm(B1179-ブラック)……2個
17
アウトドアロープ 6mm
　a シルバー(1827)……150cm × 1本
カラビナ(B1514-ブラック)……2個
コードキャップ 6mm(B1178-ブラック)……2個

作り方（共通）

スタート　a で B-1(●=30cm)。

1　折った輪から4cm(17は2cm)空けて、つゆ結び(3回／p.052)。

2　反対側は、15は30cm折り返し4cm空けて、つゆ結び3回。17は40cm折り返し2cm空けて、つゆ結び5回。

仕上げ　コードキャップ、カラビナをつける。

とめ結びの飾りハンドル
photo to » p.014

材料

アウトドアロープ 8mm
　a コバルト(1845)……70cm × 1本
スナップフック(S1172-シルバー)……2個
コードキャップ 8mm(S1176-シルバー)……2個

作り方

スタート　a にスナップフックを1個通し、B-1(●=20cm)。

1　折った輪から2cm空けて、とめ結び(1回／p.050)。

2　反対側もスナップフックを1個通し、20cm折り返し2cm空けて、とめ結び。

仕上げ　コードキャップをつける。

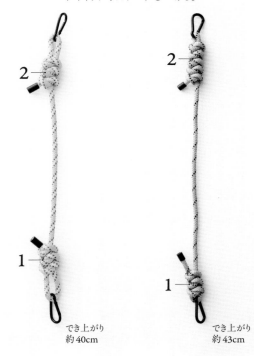

でき上がり
約40cm

でき上がり
約43cm

でき上がり
約30cm

ひと結びの飾りハンドル

photo to » p.015

材料

アウトドアロープ 8mm
　a ブラック(1848)……100cm×1本
ラウンドカラビナ中 (S1168-シルバー)……2個
コードキャップ 8mm (S1176-シルバー)……2個

作り方

スタート　a で A。

1　端から25cm空けて、ひと結び(1回／p.044)。

2　反対側も同様にする。

仕上げ　コードキャップをつけ、結び目にカラビナをつける。

つゆ結びのボリュームハンドル

photo to » p.016

材料

アウトドアロープ 6mm
　a ネオンピンク(1823)……300cm×2本
ラウンドカラビナ中 (G1169-ゴールド)……2個
コードキャップ 6mm (G1175-ゴールド)……4個

作り方

スタート　a で A。

1　端から30cm空けてつゆ結び(32cm／p.052)。

2　1の結び目から5cm空けて、ひと結び(1回／p.044)。

仕上げ　コードキャップ、結び目にカラビナをつける。

でき上がり
約80cm
(金具間40cm)

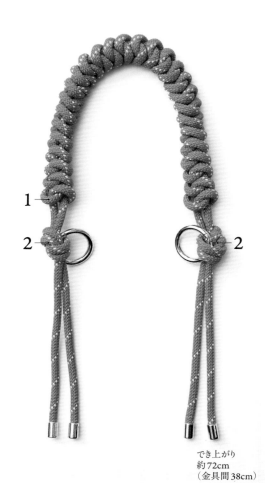

でき上がり
約72cm
(金具間38cm)

つゆ結びのミニハンドル

photo to » p.016

材料

アウトドアロープ 6mm
  a ブラック（1828）……220cm×1本
ラウンドカラビナ中（G1169-ゴールド）……2個

作り方

スタート　**a** で B-2（●=10cm）。

1　折った輪から 3cm 空けて、つゆ結び（20cm／p.052）。

2　長い方の端を高さ 3cm の輪にし、端を裏の結び目に入れ込む。

仕上げ　カラビナをつける。

七宝結びのハンドル

photo to » p.017

材料

メルヘン アウトドアコード
  a ネイビー（1648）……250cm×2本
  b ブラウン（1649）……250cm×1本
スナップフック（G1173-ゴールド）……2個

作り方

スタート　D-1 でスナップフック 1 個に 3 本（**a** 2本の間に **b** 1本）をつける。

1　**a**、**b** で左右は芯 1 本、中央は芯 2 本で七宝結び（32cm／p.066）。

2　ひも端 4 本（**a** 2本、**b** 2本）をスナップフック 1 個に通して 2cm 空けて折り返し、通していない **a** 1本を折り、もう 1 本の **a** 1本で巻いて共糸まとめ結び（1cm／p.055）。

3　残った 4 本の端をコイル巻（1回／p.044）。

でき上がり
約25cm

でき上がり
約35cm

作品の一覧と作り方　|　085

わだち結びのハンドル

photo to » p.017

材料

メルヘン アウトドアコード
a ネイビー (1648) ⋯⋯300cm × 1 本、80cm × 1 本
b ハニカムラベンダー (1656) ⋯⋯300cm × 1 本
スナップフック (S1172-シルバー) ⋯⋯2 個

作り方

スタート	D-2でスナップフック1個にa (80cm) をつけた後、輪に別ひもa (300cm)、b 2本を通す。
1	a、bでわだち結び (30cm／p.059)。※途中 27cm結んだところで芯のa 2本をスナップフック1個に通して折り返し、残り3cmは芯4本で結ぶ。
2	端は始末する (p.043)。

平結びの手さげ

photo to » p.018

材料

アウトドアロープ 6mm
a ネオンオレンジ (1822) ⋯⋯90cm × 1 本
メルヘン アウトドアコード
b レフ-グレー (1632) ⋯⋯300cm × 1 本
c ハニカムイエロー (1652) ⋯⋯150cm × 1 本
スナップフック (S1172-シルバー) ⋯⋯2 個

作り方

スタート	aにスナップフックを2個通し、C (●=7cm)。
1	フックを輪の上下に移動する。つなぎ目から離れた方の輪から2cm空け、bを足して平結び (30cm／p.056)［技法5／p.042］。
2	bの端とaを芯に、cでまとめ結び (9cm／p.054) し、つなぎ目を隠す。

1

1※

でき上がり
約32cm

1

2

でき上がり
約45cm

角四つだたみの手さげ

photo to » p.019

材料

メルヘン アウトドアコード
　a カーキ（1640）……450cm×1本
　b サンドカモ（1634）……450cm×1本
スナップフック（G1173-ゴールド）……2個

作り方

スタート　**a**、**b** にスナップフック1個を通し、A。

1　**a**、**b** に通したスナップフックを中心に移動し十字にして、角四つだたみ（48cm／p.061）。

2　隣り合う2本にスナップフック1個を通し、角四つだたみ2回。

3　ひも端4本を芯にし、一番長く残ったひもで巻き留め結び（2回巻／p.046）。

4　残った4本の端をコイル巻（1回／p.044）。

でき上がり
約55cm

丸四つだたみの手さげ

photo to » p.019

材料

メルヘン アウトドアコード
　a アーミーグリーン（1641）
　　……235cm×1本、450cm×1本
　b アーミーカモ（1635）……225cm×1本
スナップフック（G1173-ゴールド）……2個

作り方

スタート　**a**（450cm）と **ab**（※）をスナップフック1個に通し、A。※ **a**（235cm）と **b**（225cm）を焼きどめで1本につなぐ（p.037）。

1　**a**、**ab** に通したスナップフックを中心に移動し十字にして、丸四つだたみ（46cm／p.060）。

2　隣り合う2本にスナップフック1個を通し、丸四つだたみ2回。

3　ひも端4本を芯にし、一番長く残ったひもで巻き留め結び（2回巻／p.046）。

4　残った4本の端をコイル巻（1回／p.044）。

でき上がり
約50cm

2色のまとめ結びの手さげ

photo to » p.019

材料

アウトドアロープ 6mm
　a ゴールド (1826) ‥‥‥ 150cm×1本
ロマンスコード 1.5mm
　b キャラメル (866) ‥‥‥ 80cm×2本
　c エンジ (867) ‥‥‥ 50cm×2本
ラウンドカラビナ小 (G1167-ゴールド) ‥‥‥ 2個

作り方

スタート　a で C (● = 7cm)。

1　折った a の輪から 8cm 空けて、ひと結び (1回
　　／p.044)。

2　折った輪から 2cm 空けて、b でまとめ結び
　　(4.5cm／p.054)。※この中につなぎ目が隠れる
　　ようにする。

3　2 の中央を上から c でまとめ結び (2cm／p.054)。
　　反対側も 1〜3 と同様にする。

仕上げ　カラビナをつける。

でき上がり
約55cm

チェーンノットの手さげ

photo to » p.020

材料

アウトドアロープ 6mm
　a コバルト (1825) ‥‥‥ 300cm×1本
メルヘン アウトドアコード
　b イエローグリーン (1625) ‥‥‥ 60cm×2本
ラウンドカラビナ小 (S1166-シルバー) ‥‥‥ 2個

作り方

スタート　a で A。

1　a の端から 15cm 空けて、チェーンノット (48cm
　　／p.048)。

2　端を半分折り返してループを作り、b でまとめ
　　結び (3.5cm／p.054)。

3　反対側の端も 2 と同様にまとめ結び。

仕上げ　カラビナをつける。

でき上がり
約62cm

左右結びの手さげ

photo to » p.020

材料

アウトドアロープ 6mm
　a カーマイン (1824) …… 300cm × 1本
メルヘン スリムコード
　b ライトブラウン (1684) …… 60cm × 2本
ラウンドカラビナ小 (G1167-ゴールド) …… 2個

作り方

スタート	a で B-2 (●=15cm)。
1	a の輪から5cm空けて、b でまとめ結び (3cm / p.054)。
2	a 2本で左右結び (43cm / p.051)。
3	15cm長くした片側の a を半分折り返し、a のひも端をくるみ b でまとめ結び (3cm / p.054)。
仕上げ	カラビナをつける。

でき上がり
約60cm

エンドレスフォールの手さげ

photo to » p.020、021

材料

29 (ブラック系)
アウトドアロープ 8mm
　a ブラック (1848) …… 200cm × 1本
メルヘン アウトドアコード
　b ブラック (1646) …… 500cm × 1本
ラウンドカラビナ小 (S1166-シルバー) …… 2個

30 (イエロー系)
アウトドアロープ 8mm
　a ホワイト (1841) …… 200cm × 1本
メルヘン アウトドアコード
　b グロウイエロー (1662) …… 500cm × 1本
ラウンドカラビナ小 (S1166-シルバー) …… 2個

作り方 (共通)

スタート	a で B-2 (●=12cm)。
1	エンドレスフォール (50cm / p.058) で、交差した a の輪に、b をつけて始める。
2	12cm長くした片側の a を輪にしてループを作り、裏側で b を本結び (p.044) してとめる。
仕上げ	カラビナをつける。

でき上がり
各約60cm

ダブル平結びの手さげ

photo to » p.022

材料

アウトドアロープ 8mm
　a ネオンピンク（1844）……100cm×1本
メルヘン アウトドアコード
　b ブルー（1629）……500cm×1本
　c レフ-グレー（1632）……600cm×1本
ラウンドカラビナ中（S1168-シルバー）……2個

作り方

スタート　**a** でA。

1　**a** の端から30cm折り返し、巻き留め結び（2回巻／p.046）。反対側も同様にする。

2　1から2cm空けて **b** を足し、平結び（38cm／p.056）［技法5／p.042］。端は始末する（p.043）。

3　**b** と同様にして、2の上から **c** で平結び（38cm）。端は始末する（p.043）。

仕上げ　カラビナをつける。

サメの歯結びの手さげ

photo to » p.022

材料

アウトドアロープ 6mm
　a コバルト（1825）……300cm×1本
　b ネオンライム（1821）……300cm×1本
メルヘン アウトドアコード
　c オレンジ（1623）……50cm×1本
ラウンドカラビナ中（S1168-シルバー）……2個
コードキャップ 6mm（B1178-ブラック）……4個

作り方

スタート　**a**、**b** でA。

1　**a**、**b** でサメの歯結び（a＝A、b＝Bで50cm／p.064）。

2　結び終わりを **c** でまとめ結び（2cm／p.054）。

3　端を8〜10cmでカット。

仕上げ　コードキャップ、カラビナをつける。

でき上がり
約50cm

でき上がり
約50cm
（金具間42cm）

輪結びの手さげ

photo to » p.023

材料

メルヘン アウトドアコード
　a カーキ（1640）……450cm×1本
サンカクカラビナ（G1171-ゴールド）……2個

作り方

スタート　a で B-1（●＝70cm）。

1　a の輪から長い方のひもを5cm折り返し、巻き留め結び（6回／p.046）し、3cmのループを作る。

2　短いひもを芯にして輪結び（48cm／p.051）。

3　反対側は右下図のように折り返して共糸まとめ結び（2cm）し、3cmのループを作る。

仕上げ　カラビナをつける。

5cm

3cm

でき上がり
約58cm

マルチカラーの輪結びの手さげ

photo to » p.023

材料

アウトドアロープ 8mm
　a ネオンライム（1842）……100cm×1本
メルヘン アウトドアコード
　b マゼンタ（1622）……500cm×1本
　c オレンジ（1623）……120cm×1本
　d イエロー（1624）……120cm×1本
　e イエローグリーン（1625）……120cm×1本
　f アクアマリン（1628）……120cm×1本
スナップフック（S1172-シルバー）……2個
コードキャップ 8mm（S1176-シルバー）……2個

作り方

スタート　a~f で A。

1　a にスナップフックを1個通し、端から18cm空けて、a~fでひと結び（p.044）。スナップフックが結び目の外側にくるようにする。

2　b以外を芯にして、bで輪結び（35cm／p.051）。

3　反対側も1と同様にする。

仕上げ　a にコードキャップをつけ、b~f は端をひと結び。

でき上がり
約72cm
（金具間35cm）

四つ編みの4色ショルダー
四つ編みの1色ショルダー
photo to » p.024、025

材料

35

アウトドアロープ6mm
　a ネオンライム（1821）……130cm×1本
　b ネオンオレンジ（1822）……100cm×1本
　c ネオンピンク（1823）……100cm×1本
　d コバルト（1825）……100cm×1本
メルヘン アウトドアコード
　e ホワイト（1639）……80cm×2本
ラウンドカラビナ中（S1168-シルバー）……2個

36

アウトドアロープ6mm
　a ゴールド（1826）……130cm×1本、100cm×3本
メルヘン アウトドアコード
　b カーキ（1640）……80cm×2本
ラウンドカラビナ中（G1169-ゴールド）……2個

作り方（共通）

スタート　**a**（36は130cmの**a**）でB-1（●＝6cm）。

1　**a**の折った端に突き合わせて**b~d**（36は100cmの**a**3本）を重ねる。**a**の折った輪から2cm空けて、**e**（36は**b**）でまとめ結び（4cm／p.054）。

2　**a~d**（36は**a**4本）で四つ編み（70cm／p.069）。

3　結び終わりの**a**の端を6cm折り返しループにし、**e**（36は**b**）でまとめ結び（4cm／p.054）。

仕上げ　カラビナをつける。

でき上がり
各約90cm

三つ編みのチェーン入りショルダー

photo to ≫ p.025

材料

メルヘン アウトドアコード
　a レフ-ブラック（1633）
　　……100cm×6本、50cm×2本
　b レフ-ホワイト（1631）……100cm×2本
フック付きチェーン（ゴールド）……120cm×1本

作り方

スタート　a（100cm×3本）を2組とb2本でA。

1　チェーン端から20cm空けて、a（100cm×3本を2組）とb2本を重ね、a（50cm）でまとめ結び（3cm／p.054）。

2　a（100cm×3本）、b2本（間にチェーン）、a（100cm×3本）の3組に分け、三つ編み（55cm／p.067）。

3　2の結び終わりを1と同様にa（50cm）でまとめ結び。

でき上がり
約100cm

まとめ結びのショルダー

photo to ≫ p.026

材料

アウトドアロープ 8mm
　a ゴールド（1846）……200cm×1本
サンカクカラビナ（G1171-ゴールド）……2個
コードキャップ 8mm（G1177-ゴールド）……2個

作り方

スタート　aでA。

1　共糸まとめ結び（p.055）の要領で、aの端を60cm折り返し、10cm上から6回巻いて折った下の輪に通して引く（右下図）。

2　1と同じ要領で、反対側の端を60cm折り返し、折った輪から10cmの位置から6回巻き、下の輪に通して引く。

仕上げ　下の輪を少しゆるめてカラビナをつけ、コードキャップをつける。

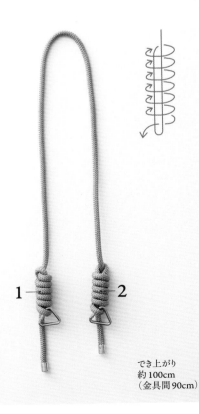

でき上がり
約100cm
（金具間90cm）

四つ組み入りの3本組ショルダー

photo to » p.026

材料

アウトドアロープ 6mm
　a ネオンライム（1821）……130cm×1本
メルヘン スリムコード
　b イエロー（1672）……100cm×1本
　c オレンジ（1673）……100cm×1本
　d マゼンタ（1675）……100cm×1本
　e ターコイズ（1679）……100cm×1本
アジアンコード 1mm
　f シルバー（752）……120cm×2本
スナップフック（S1172-シルバー）……2個

作り方

スタート　**a** にスナップフックを2個通し、C（●＝5cm）。

1　スナップフックを輪の上下に移動し、折った輪から2cm空けて **b〜e** の端を揃えて重ねる。輪から1.5cm空けて、**f**（200cm×1本）でまとめ結び（6cm／p.054）。

2　**b〜e** で四つ組み（52cm／p.068）。

3　2の結び終わりを1と同様に **f**（120cm×1本）でまとめ結び。

でき上がり
約65cm

つゆ結びのショルダー

photo to » p.027

材料

アウトドアロープ 6mm
　a ゴールド（1826）……300cm×1本
メルヘン スリムコード
　b ターコイズ（1679）……60cm×2本
スナップフック（G1173-ゴールド）……2個

作り方

スタート　**a** にスナップフックを1個通し、B-1（●＝50cm）。

1　長い方を左側にし、折った輪から3cm空けて、つゆ結び（7回／p.052）。

2　反対側も1と同様にする。

3　1の端を斜めにカットし、**b**（60cm×1本）で上からまとめ結び（2.5cm／p.054）。反対側も同様にする。

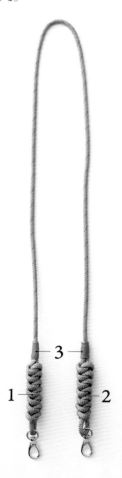

でき上がり
約130cm

シルバーベースの Mix ショルダー

photo to » p.028

材料

アウトドアロープ 8mm
　a シルバー（1847）……100cm×1本
メルヘン アウトドアコード
　b レフ—グレー（1632）……280cm×1本
　c ダイヤモンドカモ（1643）……120cm×1本
　d あさぎ（1647）……210cm×1本
アジアンコード 2.5mm
　e シルバー（752）……200cm×1本
ラウンドカラビナ中（S1168-シルバー）……2個
コードキャップ 8mm（S1176-シルバー）……2個

作り方

スタート　a で B-1（●＝25cm）。

1　折り返した a の端で、巻き留め結び（2回巻／p.046）。

2　1 のループ（2.5cm）の結びから 9cm 空けて d を足す。［技法3／p.041］。

3　a を芯に d で輪結び（8cm／p.051）。

4　a、d でひと結び（p.044）。

5　a、d を芯に b でまとめ結び（3cm／p.044）し、b を足す。

6　a を芯に b を左、d を右にして平結び（12回／p.056）。

7　a、b、d を芯に、c でまとめ結び（4cm／p.044）し、c を足す。d をカットする

8　d の端と a〜c を芯に、e でまとめ結び（5cm／p.044）し、e を足す。

9　a〜c、e でひと結び（p.044）。

10　a を芯に b、e を左、c を右にして平結び（3.5cm／p.056）。

11　c、e の端と a、さらに反対側の a を 4cm 折り返して（2.5cm のループ）芯にし、c を折り b で巻いて共糸まとめ結び（6cm／p.055）。

仕上げ　コードキャップ、カラビナをつける。

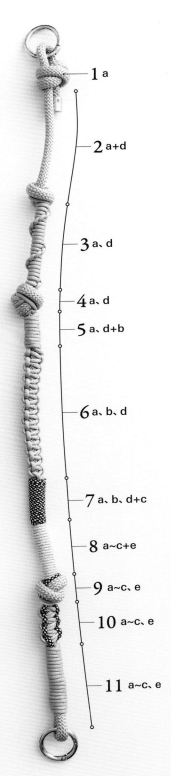

1 a
2 a+d
3 a、d
4 a、d
5 a、d+b
6 a、b、d
7 a、b、d+c
8 a〜c+e
9 a〜c、e
10 a〜c、e
11 a〜c、e

でき上がり
約 60〜64cm

ゴールドベースの Mix ショルダー

photo to » p.029

材料

アウトドアロープ 8mm
　a ゴールド（1846）……100cm×1本
メルヘン アウトドアコード
　b カーキ（1640）……100cm×1本
　c レフ-グレー（1632）……200cm×1本
　d サンドカモ（1634）……200cm×1本
メタリックバフレザーコード 2mm
　e カッパー（533）……150cm×1本
スナップフック（G1173-ゴールド）……2個
コードキャップ 8mm（G1177-ゴールド）……1個

作り方

スタート	**a** で B-1（●＝5cm）。
1	**a** に結びひも **b** を重ね 6cm まとめ結びし、3cm のループを作る（**b** はカット）[技法2／p.041]。
2	1 から 3cm 空けて、**a** を芯に **c** でまとめ結び（3cm／p.054）し、**c** を足す。
3	2 から 5cm 空けて、**a**、**c** でひと結び（p.044）。
4	3 から 2cm 空けて、**a**、**c** を芯に **d** でまとめ結び（3cm／p.054）し、**d** を足す。
5	**a** を芯に **c** を左、**d** を右にして平結び（17回／p.056）。
6	**a**、**c**、**d** を芯に **e** でまとめ結び（10cm／p.054）。
7	6 から 6cm 空けて、**a**、**c**、**d** でひと結び（p.044）。
8	**a** を芯に **d** を折り、**c** で巻いて共糸まとめ結び（2cm／p.054）。
9	**a** の端を 25cm 折り返し、巻き留め結び（2回巻／p.046）。
仕上げ	コードキャップをつける。

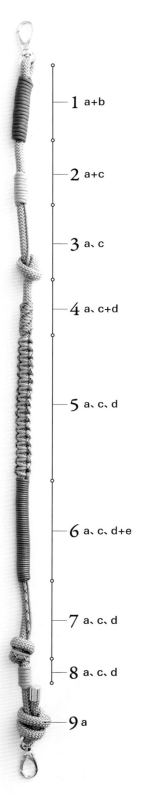

1 a+b

2 a+c

3 a、c

4 a、c+d

5 a、c、d

6 a、c、d+e

7 a、c、d

8 a、c、d

9 a

でき上がり
約70cm

ゴールドベースの2パーツの Mixショルダー

photo to » p.029

材料

アウトドアロープ 8mm
　　a ゴールド（1846）……60cm×1本、100cm×1本
メルヘン アウトドアコード
　　b カーキ（1640）……60cm×1本、200cm×1本
　　c レフグレー（1632）
　　　……100cm×1本、150cm×1本
バフレザーコード 2mm
　　d オレンジ（510）……170cm×1本
ラウンドカラビナ中（G1169-ゴールド）……3個
コードキャップ 8mm（G1177-ゴールド）……2個

作り方

パーツ1

スタート　**a**（60cm）で C（●=5cm）。

1　**a** のつなぎ目と逆の輪から3cm空けて、**b**（60cm）を足し、ひと結び［技法3／p.041］。

2　**a** を芯に **b**（60cm）で8の字結び・横（4cm／p.045）。

3　**a** 2本取りと **b** の端を芯に、**c**（100cm）でまとめ結び（5cm／p.054）。

パーツ2

スタート　**a** で B-1（●=25cm）。

4　**a** の折り返した端で、巻き留め結び（2回巻／p.046）。

5　4から5cm空けて **c**（150cm）の端を重ね、**a** と **c** を芯に **b**（200cm）でまとめ結び（3cm／p.054）し、**c** と **b** を足す。

6　**a** を芯に **c** を左、**b** を右にして平結び（12回／p.056）。

7　a~c を芯に、**d** でまとめ結び（8cm／p.054）。

8　**a**、**c** を芯に、**b** で輪結び（7cm／p.051）。

9　**a** を芯に、**b** を折り、**c** で巻いて共糸まとめ結び（4cm／p.055）。

10　**a** の端を25cm折り返し、巻き留め結び（2回巻／p.046）。

仕上げ　コードキャップをつけ、カラビナ（1個はパーツ1と2を連結する）をつける。

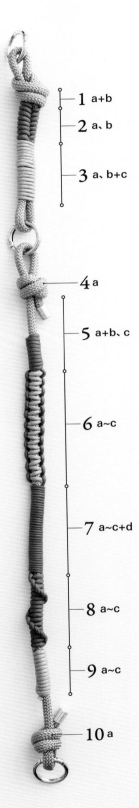

1 a+b
2 a、b
3 a、b+c
4 a
5 a+b、c
6 a~c
7 a~c+d
8 a~c
9 a~c
10 a

でき上がり
約70cm

四つ組みのショルダー

photo to » p.030

材料

44

アウトドアロープ 6mm
　a ゴールド（1826）……300cm×1本
メルヘン アウトドアコード
　b カーキ（1640）……60cm×2本、300cm×2本
ラウンドカラビナ小（G1167-ゴールド）……2個

45

アウトドアロープ 6mm
　a ブラック（1828）……300cm×1本
メルヘン アウトドアコード
　b オレンジ（1623）……60cm×2本、300cm×2本
ラウンドカラビナ小（S1166-シルバー）……2個

作り方（共通）

スタート　**a** で B-2（●＝16cm）。

1　折った輪から5cm空けて、**b**（60cm×1本）でまとめ結び（3cm／p.054）。このとき、二つ折りした **b**（300cm×2本）の折った輪側も差し込んで芯にして、ひもをつける。

2　**a** 2本、**b** 4本（各2本取り）で四つ組み（ストライプ柄96cm／p.046）。

3　**a** の16cm長くした端を半分折り返し、**b** の1本を折り、長く残った **b** 1本で巻いて共糸まとめ結び（3cm／p.055）。

仕上げ　カラビナをつける。

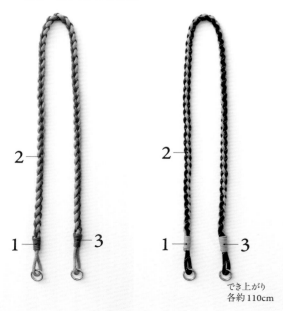

でき上がり
各約110cm

ひと結びの2本組ショルダー

photo to » p.030

材料

アウトドアロープ 8mm
　a ホワイト（1841）……200cm×1本
スナップフック（S1172-シルバー）……2個

作り方

スタート　**a** にスナップフックを2個通し、C（●＝10cm）。

1　スナップフックを輪の上下に移動させ、輪から8cm空けて、2本取りでひと結び（p.044）。つなぎ目が隠れるように結ぶ。

2　反対側の端も1と同様にひと結び。

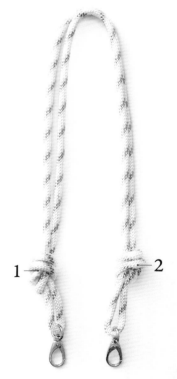

でき上がり
約80cm

47, 48/50

くさり結びのショルダー

photo to » p.032、033

材料

47

アウトドアロープ6mm
  a ネオンオレンジ（1822）……250cm×1本
  b ネオンピンク（1823）……250cm×1本
メルヘン スリムコード
  c マゼンタ（1675）……60cm×2本
ラウンドカラビナ中（S1168-シルバー）……2個

48

アウトドアロープ6mm
  a コバルト（1825）……250cm×1本
  b ゴールド（1826）……250cm×1本
メルヘン スリムコード
  c ライトブラウン（1684）……60cm×2本
ラウンドカラビナ中（G1169-ゴールド）……2個

作り方（共通）

スタート　B-3（●＝7.5cm）でaの輪にbを差し込む。

1　aの輪から5cm空けて、c（60cm×1本）でまとめ結び（3cm／p.054）。

2　aとbでくさり結び（60cm／p.062）。

3　反対側のbの端を半分折り返し、1と同様にもう1本のcでまとめ結び。

仕上げ　カラビナをつける。

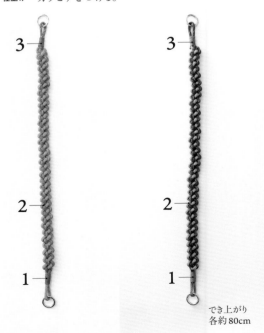

でき上がり
各約80cm

49, 50/50

叶結びのショルダー

photo to » p.033

材料

49

アウトドアロープ6mm
  a シルバー（1827）……300cm×1本
メルヘン スリムコード
  b ライトグレー（1686）……60cm×1本
スナップフック（S1172-シルバー）……2個

50

メルヘン アウトドアコード
  a レフーホワイト（1631）
    ……30cm×1本、300cm×1本
サンカクカラビナ（S1170-シルバー）……2個

作り方

49

スタート　aにスナップフックを1個通し、B-2（●＝15cm）。

1　aの輪から5cm間隔で、叶結び（50cm／p.063）。

2　15cm長くした端にスナップフックを1個通して半分折り返し、bでまとめ結び（2.5cm／p.054）。

50

スタート　a（300cm）でB-2（●＝10cm）。

1　aの輪から4cm間隔で、叶結び（65cm／p.063）。

2　10cm長くした端を半分折り返し、a（30cm）でまとめ結び（1.5cm／p.054）。

仕上げ　カラビナをつける。

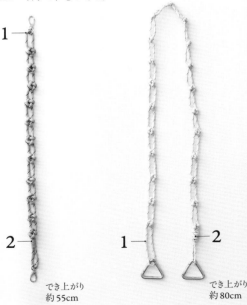

でき上がり
約55cm

でき上がり
約80cm

作品の一覧と作り方 ｜ 099

バッグチャーム3種

photo to » p.034

8の字結び

材料（3種）

ゴールド
アウトドアロープ 6mm
　ゴールド（1826）……60cm×1本
サンカクカラビナ（G1171-ゴールド）……1個
コードキャップ 6mm（G1175-ゴールド）……2個
青
アウトドアロープ 6mm
　コバルト（1825）……60cm×1本
サンカクカラビナ（S1170-シルバー）……1個
コードキャップ 6mm（S1174-シルバー）……2個
赤
アウトドアロープ 6mm
　ネオンピンク（1823）……60cm×1本
サンカクカラビナ（G1171-ゴールド）……1個
コードキャップ 6mm（G1175-ゴールド）……2個

作り方（共通）

中心で二つ折りし、2本取りで8の字結び・縦（1回／p.045）。上のひもを引き出し、ループにする。キャップ、カラビナをつける。

あわじ玉

材料

アウトドアロープ 6mm
　ゴールド（1826）
　　……120cm×1本

作り方

二つ折りし、2本取りであわじ玉（p.070）。輪になった端をループにし、分かれている端は結び目の中に入れ込む。

国結び

材料

アウトドアロープ 6mm
　ネオンライム（1821）
　　……100cm×1本
ラウンドカラビナ
　（S1166-シルバー）……1個
コードキャップ 6mm
　（S1174-シルバー）……2個

作り方

国結び（p.072）し、キャップ、カラビナをつける。

結びの索引と
使用作品

作品に使用したひも（ロープ、コード）の種類

※製品はすべてメルヘンアート。種類によっては数色のみ掲載。
これら以外で作品に使用したものもあります。

アウトドアロープ［6mm／8mm］

アウトドアシーンを想定した耐久性に優れたロープで色
落ちや日焼けにも強い。引張強度が6mmは800kg、
8mmは1,300kgある。6mmは1巻3m（全8色）、8mm
は1巻2m（全8色）、ともにポリエステル100％

メルヘン アウトドアコード
メルヘン アウトドアコード グロウ

丈夫なパラシュートコードで知られる「パラコード」の1種
で、引張強度は180kg。太さは3mm幅で複数本でも結
びやすく、色数も豊富。1巻5m（全35色）、ポリエステル
100％。同シリーズのグロウは蓄光タイプ。1巻5m（全3
色）、プロプロピレン、ポリエステル製

メルヘン スリムコード

アウトドアコードのスリムタイプで2mm幅。1巻5m（全
18色）、ポリエステル100％

その他のコード

結びに適した張りのある主なコード類。アジアンコード
2.5mmは1カセ2.5m（全27色、化繊製）。水牛の革製の
バフレザーコード2mmは1カセ約5m（全12色）。同シリ
ーズのメタリックバフレザーコード2mmは1カセ約4m
（全6色）。革ひものような光沢のロマンスコード1.5mmは
1カセ10m（全18色、綿100％）

| アウトドアロープ 6mm |

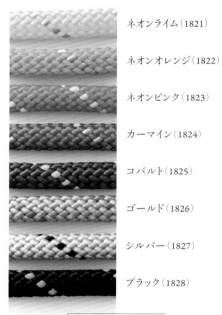

ネオンライム（1821）
ネオンオレンジ（1822）
ネオンピンク（1823）
カーマイン（1824）
コバルト（1825）
ゴールド（1826）
シルバー（1827）
ブラック（1828）

| アウトドアロープ 8mm |

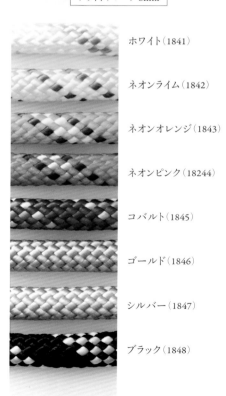

ホワイト（1841）
ネオンライム（1842）
ネオンオレンジ（1843）
ネオンピンク（18244）
コバルト（1845）
ゴールド（1846）
シルバー（1847）
ブラック（1848）

メルヘン アウトドアコード

レッド（1621）
マゼンタ（1622）
オレンジ（1623）
イエロー（1624）
イエローグリーン（1625）
グリーン（1626）
スカイブルー（1627）
アクアマリン（1628）
ブルー（1629）
パープル（1630）
ホワイト（1639）
カーキ（1640）
アーミーグリーン（1641）
ブラック（1646）
あさぎ（1647）
ネイビー（1648）
ブラウン（1649）

反射テープ入り
レフーホワイト（1631）
レフーグレー（1632）
レフーブラック（1633）

サンドカモ（1634）
アーミーカモ（1635）
イタリアンカモ（1636）
フレンチカモ（1637）
レインボーカモ（1638）
ストロベリーカモ（1642）
ダイヤモンドカモ（1643）
キャンディカモ（1644）
フェスカモ（1645）

ハニカムマゼンタ（1651）
ハニカムイエロー（1652）
ハニカムイエローグリーン（1653）
ハニカムオレンジ（1654）
ハニカムアクアマリン（1655）
ハニカムラベンダー（1656）

メルヘン アウトドアコード グロウ

グロウグリーン（1661）
グロウイエロー（1662）
グロウピンク（1663）

メルヘン スリムコード

ホワイト（1671）
イエロー（1672）
オレンジ（1673）
ピンク（1674）
マゼンタ（1675）
レッド（1676）
パープル（1677）
ネイビー（1678）
ターコイズ（1679）
あさぎ（1680）
セージ（1681）
グリーン（1682）
ブラウン（1683）
ライトブラウン（1684）
ベージュ（1685）
ライトグレー（1686）
ブルーグレー（1687）
ブラック（1688）

アジアンコード 2.5mm

ゴールド（751）
シルバー（752）

バフレザーコード 2mm

ブラック（509）
オレンジ（510）

メタリックバフレザーコード 2mm

シルバー（531）
ゴールド（532）
ブロンズ（534）
カッパー（533）

ロマンスコード 1.5mm

オレンジ（865）
キャラメル（866）
エンジ（867）

作品制作
メルヘンアートスタジオ

マクラメをはじめとする結びにまつわる企画、提案をするクリエイター集団。アクセサリーからインテリア、ファッション雑貨まで幅広いアイテムを網羅している。綿や麻などの天然素材はもちろん、レザーやパラコードを使用し、各地でワークショップを開催する他、書籍などで作品を発表し、結びの普及に努めている。

本書の材料のロープ、コード、接続パーツ、金属パーツは手芸店とそのウェブサイト他、メルヘンアート オンラインショップにて購入できます。
https://marchen-art-store.jp/

バッグ制作
青木恵理子
(表紙、p.024、034)

素材提供
メルヘンアート株式会社
〒130-0015
東京都墨田区横網2-10-9
tel 03-3623-3760
https://www.marchen-art.co.jp

結んでつくるロープ持ち手のバイブル

2023年5月1日　初版第1刷発行
2024年8月9日　　　第2刷発行

著者
メルヘンアートスタジオ

発行者
三輪浩之

発行所
株式会社エクスナレッジ
〒106-0032
東京都港区六本木7-2-26
https://www.xknowledge.co.jp/

問合わせ先
[編集] tel 03-3403-6796
　　　　fax 03-3403-0582
　　　　info@xknowledge.co.jp
[営業] tel 03-3403-1321
　　　　fax 03-3403-1829